1억 이하 소액 아파트 투자의 법칙

1억 이하 소액 아파트 투자의 법칙

쏟아지는 규제 속에서도
무너지지 않는
8가지 투자 비책

이승훈(압구정8학군) 지음

위즈덤하우스

프롤로그 누구나 시작은 소액이었다

'압구정 아파트 80억 거래', '강남 서초 아파트 평당가 1억 단지 속출' 등 비현실적인 부동산 폭등장을 겪은 사람들 대부분이 박탈감과 무력감을 느끼고 있다. "내 동창은 내가 사는 곳보다 상급지에 살며 내 아이보다 좋은 환경과 학군지에서 아이를 키우고 있는데, 점점 더 가격차가 벌어져서 힘이 빠진다." "아이 교육 때문에 학군지에서 전세살이를 하느라 집 매수 시기를 놓쳤는데, 당시보다 가격이 2배 올랐더라." 이런 글들이 하루에도 수없이 각종 커뮤니티 게시판에 올라온다.

무주택자들은 부동산 시장에 발도 들이기 힘들 지경이다. 실거주 1주택자, 혹은 일시적 2주택자 들도 마냥 기분이 좋지는 않다. 앞으로 이사를 가고 싶은 아파트의 가격이 점점 멀리 도망가는 광경을 바라보고만 있어야 하기 때문이다.

모두가 '욕망의 부동산 서킷'에서 달리고 있는 것 같다. 경쟁자를 추월해야 한다는 압박감과 경쟁심에, 거기서 비롯된 스트레스까지 받고 있다. 서킷은 결국 순환로다. 한참을 달려도 다시 제자리로 돌아와버린다. 경쟁을 좇는 우리는 결국 끝없는 서킷을 돌고 있는 건 아닐까?

결국 제자리로 돌아오는 서킷에서 벗어나려면 나의 목표점에 가장 빨리 도달할 수 있는 지름길, 고속도로에 올라타야 한다. 그 지름길이란 바로 '소액 아파트 투자' 고속도로다. 이것이 자신만의 룰을 지키며 각자의 자금 규모에 따라 투자할 수 있는 가장 알맞은 방식이다. 스스로 정한 목표를 향해 달려가면 원하는 바를 얻을 수 있다.

부동산 소액 투자가 현실적으로 가능할까? 혹시 너무 늦은 건 아닐까? 나의 대답은 이렇다. "충분히 가능하며 아직 늦지 않았다." 실제로 내가 건넨 조언에 따라 적은 돈으로 부동산 투자에 참여한 사람들은 지금도 수익을 내고 있다. 이 책에서 설명하는 법칙만 제대로 이해하고 습득하면 누구나 지금도 안전하게 소액 아파트 투자 트랙에 올라탈 수 있다. 그러니 집을 사려고 그나마 아끼고 아껴서 모은 돈을 고위험 재테크에 태워버리고 좌절하는 일은 이제 제발 그만두었으면 한다.

내가 처음 투자를 시작할 때만 해도 돈이 넉넉하지 않았다. '내가 들어가 살 수 있는 집에 투자하면 실패해도 좀 더 안전하지 않을까?'라는 단순한 생각으로 부동산에 투자하기 시작했다. 그리고

3,000만 원으로 시작해 자산을 100배 이상 불리는 성과를 낼 수 있었다.

소액 투자만으로 부를 일군 사람들의 투자에는 몇 가지 공통점이 있다. 이 책에서 나는 그 공통점을 토대로 삼아 소액 아파트 투자로 부자가 될 수 있는 방법을 공개하려고 한다. 여기서 제시하는 소액 아파트 투자를 위한 8가지 법칙은 내가 20년이 넘는 시간 동안 부동산 시장에서 직접 체험하고 터득해서 발전시킨 소액 투자 솔루션이다. 이 솔루션은 소액 아파트 투자 트랙에 안전하게 올라타고 잘 달리기 위한 핵심 원리면서, 소액 투자에서 더 좋은 성과를 내기 위한 여러 전술을 세우는 데 꼭 필요한 실전 법칙이기도 하다. 이 법칙들은 투자금과 투자자 상황에 맞게 적용할 수 있다. 부동산의 거주 가치에 집중한 소액 투자 전술은 최소한의 자금으로 최대 효과를 얻을 수 있는 솔루션이다. 부동산 투자에 입문하는 사람들과 소액 투자자들 모두의 희망이 되리라고 확신한다.

'소액 아파트 투자를 위한 8가지 법칙'을 머릿속에 입력한다면 성공적인 소액 투자의 첫발을 내딛을 수 있을 것이다.

마지막으로 소액 아파트 투자는 주식, 코인보다 훨씬 안정적이고 쉽게 배울 수 있고 가성비 좋은 투자법이라는 점을 강조하고 싶다. 단언하건대 경제적 자유를 거둘 수 있는 마지막 남은 선택지다. 누구나 시작은 소액이었다. 하지만 그 끝은 창대할 것이다.

목차

 제1부 **소액 아파트 투자,
부자가 되는 최선의 전략**

1장. 소액 아파트 투자 방법은 달라야 한다

2장. 좋은 소액 아파트는 안전한 우량주다

3장. 집값 호재는 퍼져나간다

4장. 소액 아파트의 투자 수익률 극대화

5장. 소액 아파트 투자전략

6장. 소액 투자의 골든 타임

7장. 저평가 지역을 찾는 방법

제2부 소액 아파트 투자 유망 지역

8장. 가격별 투자 유망 단지

제1부

소액 아파트
투자,
부자가 되는
최선의 전략

1장.
소액 아파트 투자 방법은
달라야 한다

부동산 목수의 법칙: 내가 사는 곳을 사랑하라

엔씨소프트 김택진 대표의 부인으로도 유명한 윤송이 씨는 〈신동아〉 '황호택 기자가 만난 사람'에서 "왜 한국으로 돌아왔느냐?"는 질문에 '목수론'을 설명하며 다음과 같이 언급했다.

"미국에는 연구할 수 있는 시스템이 잘 갖춰져 있고, 남으라는 권유도 받았습니다. 하지만 누군가는 한국을 일하고 싶은 곳으로 만들어야 한다고 생각했어요. 인재들이 오고 싶어하는 집을 만들겠다는 거지요. 친구들과 의논해서 이것을 '목수론'이라고 이름 붙였습니다."

나는 이러한 목수론을 참조해서 부동산 목수의 법칙을 아래와 같이 설명한 적이 있다.

"내가 이미 발전한 지역에 이사를 가서 학군, 입지, 역세권의 혜택을 받으려면 프리미엄 입장료를 내고 입성해야 하기 때문에 높은 수익률을 얻을 수 없다. 부동산 투자로 큰 수익을 얻기 위해서는 잠재력 있고 저평가된 지역에 들어가서 내가 그 잠재력을 발휘할 수 있도록 지역 주민들과 힘을 합쳐 노력해야 한다. 개발 호재를 앞당기거나 새로 만들어내고, 그 지역만의 가치를 극대화해서 가격 상승으로 이어질 수 있도록 홍보하며 부가가치를 창출해야 하는데, 이러한 일련의 행위를 '부동산 목수의 법칙'으로 설명할 수 있다.

이미 발전한 지역에 입성해서 이미 완성된 호재들에 프리미엄을 지불하면 큰 비용이 든다. 따라서 최소한의 비용으로 저평가된 지역에 들어가는 것이 좋다. 나아가, 나의 노력으로 지역을 발전시키려는 태도가 부동산 소액 투자의 기본 원칙이라고 할 수 있다. 이것이 바로 큰 수익을 창출할 수 있는 집을 내가 직접 짓겠다는 목수의 마음가짐이다.

부동산 목수의 법칙은 부동산 투자에 많은 시드머니가 필요하다는 선입견을 타파하고, '부동산은 핵심 전통 입지가 아니면 큰 수익을 얻기 힘들다'는 잘못된 인식을 바로잡기 위해 깨달아야 할 법칙이다. 부동산은 지역 구성원들의 노력이나 자체 평가에 따라 얼마든지 개발 호재를 끌어올 수 있다. 이러한 노력과 평가를 더 효과적으로 시세에 반영해서 스스로 발전할 수 있으며, 구성원들의 셀프 브랜딩으로 얼마든지 수요자들의 매수세를 끌어올 수 있다. 즉, 부동산 목수의 법칙은 부동산 전통의 상승요인(상권, 교통, 학군,

자연환경 등)에 대한 고정관념을 깨는 완전히 새로운 부동산 상승요인의 패러다임을 제시하는 법칙이다.

부동산 목수의 법칙은 실전에서 가장 많이 질문하고 고민하는 상급지 갈아타기나 똘똘한 한 채 등의 개념과는 완전히 다른 접근 방식과 새로운 패러다임의 부동산 재테크 방식을 전달하는 원리에 바탕을 둔다. 나아가 부동산 목수의 법칙이 지향하는 콘셉트는 똘똘한 한 채로 갈아타거나 단기 매도 후에 현금화하는 방식보다 내 물건들이 자라서 똘똘해질 때까지 가꾸는 것이다.

소액 투자의 매력

부동산 투자 상담을 하면서 가장 자주 받는 질문 중 하나가 '갈아타기'였다. 결론부터 말하면 갈아타기는 현 시점에서 이상적인 투자방식이 아니라고 생각한다. 매물 부족 현상과 역대 최고 세율 때문이다. 수익을 목표로 한다면 엄청난 세금을 감수하면서까지 갈아타기를 시도하는 것이 과연 이상적인 재테크 전략이 될 수 있을까.

일단 갈아탈 만한 매물을 찾기가 쉽지 않고 갈아타는 데 너무 많은 비용이 든다. 비과세 혜택을 받고 갈아타는 경우도 마찬가지다. 현재의 엄청난 아파트 매매가 상승률을 고려할 때 비과세 혜택을 받고 매도하는 것보다 보유하는 편이 메리트가 크다.

유동성 증가와 그로 인한 자산 인플레이션, 아파트 공급 부족, 임대차법으로 인한 전세가 상승과 매매가 밀어올리기 등은 현실적으로 단기간에 해결되기 쉽지 않다. 그리고 상승장에서 갈아타기 위해 매도해야 하는 부동산 가치의 상승분에 대한 기회비용이 불가피하다. 아무리 갈아탈 아파트가 많이 오른다고 해도 그 이득과 기회비용을 비교해봐야 한다. 더욱이 매물이 부족해서 매수 타이밍을 놓치면 비과세 이득만큼 손해를 보기도 한다. 정말 고수가 아니라면 갈아타기로 인해 오히려 순자산이 줄어들 수도 있다. 그래서 취득세 중과와 높은 양도세 때문에 갈아타기보다는 장기 보유를 채택하는 것이 더 효율적이다.

소액 투자의 핵심 전략인 장기 보유의 장점은 부동산 본연의 가치와 개념을 떠올려보면 그리 어렵지 않게 수긍할 수 있을 것이다. 나는 부동산의 가치와 개념을 다음과 같이 말하곤 한다.

"부동산에는 의식주 가운데 가장 중요한 거주 기능이 있다. 부동산은 인간의 기본권과 가장 밀접한 유기체며 하나의 생명이다. 그 상태로 멈춰 있는 물건이나 감가상각이 되는 소비재가 아니다. 부동산은 가치가 소멸하지 않으며, 주변의 개발과 소유자의 자체 부동산 개발을 통해 그 가치가 진화하고 발전하고 성장하는 잠재력을 지닌 집합체다. 또한 자산 증식의 현금 파이프라인이고 사회적 위치와 경험을 결정짓는 사회적 필수재다."

소액 투자에서 수익 개념은 양도차익이 아니다. 전세가가 상승할 때 취하는 현금을 재투자하는 개념이다. 이 현금은 마치 '배당 수익'과 같다. 많은 아파트를 보유하면 그만큼 많은 현금을 주기적으로 확보할 수 있다. 물론 주식에서 말하는 '배당 수익'과 달리 전세가가 하락하면 세입자에게 그만큼의 돈을 돌려줘야 한다. 하지만 전세 수요가 풍부한 입지의 물건을 매수하면 리스크를 최소화할 수 있다. 임대차법과 유동성의 폭발로 전세가가 폭등했는데, 이 때문에 오히려 전세가 하락의 리스크를 관리하는 데 최적의 환경이 조성되었다.

소액 아파트를 매수해서 전세가가 오르면 전세 상승분을 받아서 세금 없이 현금흐름을 만들 수 있으므로 장기적으로 안정된 수익이 보장된다. 좋은 소액 아파트는 오래 지키면 똘똘이가 되어 효자 노릇을 할 것이다.

부동산은 성장하는 현금 파이프라인이다. 사용하면 가격이 떨어지다가 가치가 사라지고 마는 소비재가 아니다. 오히려 장기 관점에서 보면 부동산의 가치는 올라간다. 부동산에는 주변의 호재와 더불어, 소유자가 부동산을 개발해서 가치를 올릴 수 있는 잠재력이 있다. 부동산은 주변 호재로 발전하고, 때로는 리모델링과 재건축으로 더 큰 가치를 얻는다. 그렇기 때문에 가격이 오를 만한 소액 아파트를 선별해서 하나하나를 파이프라인으로 삼아야 한다. 현금 유동성을 늘려야 각종 세금과 혹시 모를 시장의 등락에 대비할 수 있다. 내가 지향하는 것은 장기 보유를 목적으로 전세 수요가 풍부한 부동산들을 매수해서 현금흐름을 만들고 그 물건들이 자랄 때까지 버티는 투자법이다.

갈아타면 비용과 세금 때문에 돈이 하늘로 증발해버린다. 게다가 요즘 같은 폭등장에서는 내가 원하는 부동산 물건을 매수하기 쉽지 않다. 이런 상황이라면 갈아타기로 이익을 얻을 수 있을지 의문이 들 수밖에 없다. **투자 관점에서만 보면 상급지 갈아타기는 합리적이지 않다. 실질적 이익보다 남들에게 과시하고자 하는 비교우위에 대한 욕망이 작용한 행위에 더 가깝다.**

다주택의 보유세와 종부세를 걱정하는 사람들도 있다. 하지만 부동산 관련 세금정책의 성향은 영원불멸하지 않다. 지금과 같은 세금정책은 결국 집주인이 아니라 세입자가 그 세금을 감당해야 하는 구조를 만들 수밖에 없다. 국민의 다수인 세입자에게 부담을 전가하는 정책은 오래 갈 수 없을 것이다. 오히려 이런 정책의 특이성으로 전세가가 올라가면 집주인은 현금흐름이 좋아져서 세금과 관련된 리스크를 좀 더 수월하게 관리할 수 있다.

매매가가 낮은 아파트는 여러 채라고 해도 생각보다 세금 부담이 크지 않다. 또한 여러 채를 매수하면 전세 상승분이 그 배수로 들어온다. 전세 만기에 전세 시세가 하락해도 대비하기에 충분할 만큼 현금을 미리 확보할 수 있다. 이런 점을 놓고 봤을 때 장기 보유에 목적을 둔 소액 투자는 상당히 매력적일 수밖에 없다.

압구정8학군의 투자노트

여러 가지로 비효율적이고 현재 물건이 향후에 창출할 잠재적 수익을 제거해버리는 갈아타기 전략은 요즘 같은 부동산 상승장에서는 그리 바람직하지 않다. 대신 그 비용으로 소액 투자가 가능한 물건을 매수하는 전략을 선택하는 편이 더 큰 수익을 창출할 것이다. 즉, 갈아탈 비용으로 공시가 1억 원 이하에 투자하거나 혹은 수도권에 있는 4억 미만의 저평가된 물건을 매수하는 것을 추천한다. 아파트 분양권 역시 결국 장기적으로 수익의 허브가 될 수 있는 티켓이라 생각하고 그 지역의 발전과 호재를 흡수할 때까지 보유하는 것을 추천한다.

수익이 나야 투자가 즐거워진다

나의 필명인 압구정8학군은 대한민국 최고의 입지인 '압구정'과 최고 학군을 의미하는 '8학군'을 붙여서 만든 합성어다. 모든 사람이 압구정에 살고 8학군에서 아이를 키우고 싶어하지만 현실적으로 쉽지 않은 것이 사실이다. 부동산 투자를 시작하게 되면 현실적으로 최대 수익을 단기간에 도모할 수 있는 맞춤형 투자전략을 세워야 한다. 즉, 잠재적 호재가 있는 아파트를 저평가 시점에 매수해야 수익을 낼 수 있다는 뜻이다.

물론 목표가 압구정 현대아파트를 매수하는 것이라면 그것도 좋은 동기부여가 될 수는 있다. 하지만 투자 활동에서 가장 중요한 지점은 '지속 가능한' 투자를 꾸준히 오래하는 것이라고 감히 말할 수 있다. 큰 성공을 거둔 사람들의 특징은 오랫동안 목표의식을 가지고 그 일을 즐겁게 해냈다는 점이다. 그래서 투자에 흥미를 붙이고 그 일을 더 좋아하도록 노력하는 자세가 중요하다.

오로지 상급지에만 신경을 쏟으면 내가 보유한 아파트나 지역에 대한 애착과 흥미가 떨어질 가능성이 농후하다. 막연한 동경과 괴리감에서 오는 박탈감은 불행한 마음만 자극한다. 그렇게 되면 결국 투자에 대한 흥미를 잃기 쉽다. 소액 투자를 시작하는 이들에게 투자 활동의 핵심 목표를 다시 한번 상기해주고 싶다.

"결국 투자의 목적은 누가 뭐라 해도 수익이고, 그 수익을 통해 투자가 재밌어져야 한다."

투자에서 수익은 성공 경험이 된다. 성공 경험은 동기를 부여하고 자신감을 불어넣는다. 이는 투자 활동을 꾸준히 해나갈 수 있는 에너지로 이어진다. 고위험군 투자 수단에 몰입해서 단기간에 모든 돈을 태워버리고 흥미를 잃은 채 찾아오는 사람들을 보면 항상 안타까운 마음이 든다. 투자 목표는 허황된 수익률이나 수익 규모보다 꾸준한 수익 창출에 둬야 한다. 투자 대상과 수단에 신뢰와 성공 경험을 쌓아가면 된다. 그러다 보면 부자가 되는 나만의 길을 찾게 될 것이다.

3,000만 원으로 고위험 투자에 뛰어들어 단번에 수십 배의 돈을 벌려고 드는 헛된 꿈의 끝은 좌절이다. 예측 가능한 투자로 지속 가능성을 확신하게 만드는 꾸준한 투자방식이 바람직하다. 부동산 소액 투자는 일단 꾸준하게 상승하는 내 자산을 보여주고 동기를 부여한다.

소액 투자는 자산을 지속적으로 상승시킬 수 있고, 그 과정에서 전세가가 오른 만큼의 현금을 주기적으로 확보할 수 있다는 장점이 있다. 물론 전세 혹은 월세가 지속적으로 상승해야 한다는 전제가 있고, 매매가 역시 상승해야 자산이 증가할 수 있다.

거주 기능이 있는 필수재인 집은 유동성 때문에 한 번 가치가 폭등하면 다시 이전 가격으로 되돌아갈 가능성이 희박하다. 또한 현 정책의 특이성과 공급 부족으로 전세가 역시 폭락할 가능성이 상당히 적다. 이런 이유로 집값은 한 번 올라가면 쉽게 내려오지 않는 특징이 있다. 매매가와 전세가가 현실적으로 이전처럼 되돌아갈 수 없다는 전제 아래 전세 상승분은 '월세'와 같은 '수익'효과가 있다. 즉, 월세와 마찬가지로 전세 상승분도 실질적으로 부동산 자산의 가치 상승에서 비롯된 '수익'으로 해석할 수 있는 상황이 되었다.

혹자는 전세 보증금을 차입금이나 대여금이라고 생각하기도 할 것이다. 그런 맥락에서 전세 상승분을 수익으로 잡기엔 무리라고 보는 의견도 있다. 하지만 저금리 유동성의 폭발로 돈의 가치가 폭락할 수밖에 없는 지금과 같은 상황에서 자산 인플레이션은 필연적이다. 자산 인플레이션으로 부동산 가격이 상승하고 공급이 부족해서 전세난이 빚어지며, 임대차법으로 인해 전세가 역시 이전으로 되돌아갈 수 없게 되었다. 그리고 실제로 전세가 점점 사라지고 월세로 전환되는 추세가 뚜렷한 현 상황에서는 전세 보증금에 '안정적인 레버리지' 개념을 적용할 수 있다. 이런 맥락에서 전세 상승분을 '월세'와 같은 수익 개념으로 봐도 큰 무리가 없다.

나의 소액 아파트 키우기

소액 아파트는 기존 핵심지와 달리 새롭게 알릴 때 효과가 크다. 좋은 입지만 쫓기보다 내가 사는 지역을 핵심지로 일구기 위해 할 수 있는 일들이 있다. 하나는 지역 구성원이 합심해서 해당 지역을 홍보하는 일이다.

무엇보다 입주민으로서 실거주하며 느낀 장점을 다른 지역 사람들에게 알리는 일이 중요하다. 장점으로는 아름다운 뷰나 지리적 이점 혹은 편의시설 접근성 등을 들 수 있다. 블로그나 카페, 앱에 후기를 올려서 주민들과 함께 아파트를 홍보하는 일은 생각보다 시세에 무시 못 할 영향을 끼친다. 지금 이 책을 읽는 독자들도 아파트를 매수하기 전에 직방, 호갱노노는 물론이고 각종 블로그와 카페에서 사람들이 올린 온갖 정보와 후기를 찾아봤을 것이다.

호재나 개발 계획의 실현을 앞당기기 위해 추진위원회를 결성해서 정부에 건의를 하거나 청원을 할 수도 있다. 방법은 많다. 이런 매스 브랜딩(지역 구성원이 직접 주체가 되어 힘을 모아서 해당 지역을 홍보하는 일) 효과는 다른 지역 매수자들의 관심을 끌 수 있다. 지금 핵심지가 된 지역들도 모두 과거에는 해당 지역을 알리고 장점을 개발하려고 노력한 시간이 있었다.

이렇게 관심과 노력을 들인 아파트 주민들은 소유한 아파트에 더 높은 평가를 매긴다. 내가 소유한 아파트를 아끼고 발전시키려고 노력했기 때문이다. 관심과 노력은 높은 호가로 이어진다. 실제로 높은 호가를 부르는 지역이 더 높은 시세 상승률을 달성할 가능성이 높다. 그래서 충분히 고민해볼 만한 가치가 있다. 이러한 효과는 상대적으로 젊은 층의 실거주 비율이 높은 판교, 광교, 동탄, 인천 청라, 인덕원 등과 같은 신흥 핵심지에서 특히 극대화되고 있다. 인터넷이라는 매개체가 가격 상승과 더 긴밀하게 작용한 결과다.

2021년 8월 기준 다음 표를 참고로 실거래와 호가 차이가 큰 수도권 주요 아파트의 실거래가-호가 비교를 살펴보자. 이 단지들은 젊은 층 소유주의 비율이 높고 신축에 속하며 주민들의 자체 평가가 긍정적이라는 특징이 있다.

다음 표에서 2021년 7월 21일 최고가인 10억 8,500만 원에 거래된 청라한양수자인레이크블루(전용면적 84.34제곱미터)는 8월 등록된 최고 호가가 18억 원에 달했으며, 결국 8월 7일 12억 9,500만 원에 실거래되었다. 또한 이전 신고가 16억 7,000만 원이던 분당 봇들마을 8단지(전용면적 84.5제곱미터)는 8월 기준 최고 호가가 23억 원에 달한다. 높은 자존감에서 나오는 매스 브랜딩의 효과를 실현한 사례다.

이렇듯 아파트 단지의 시세는 외부인의 평가도 물론이지만 해당 지역에 살고 있는 주민들의 자체 평가가 중요하다. 매스 브랜딩을 통해 가치 상승을 기대하는 집단 심리는 구성원들에게 자기 지역에 대한 애착을 불어넣는다. 결국 해당 지역의 더 많은 장점을 스스로 발견하는 과정이 호가 형성에 중요한 동력이 된다.

내가 사는 곳을 발전시키고 브랜딩하면 외부 투자자가 다른 단

수도권 주요 아파트 실거래가-호가 비교

단위: 원 / 자료: 네이버 부동산(출처: 중앙일보)

	실거래 최고가	매물 최고가	차이
인천 서구 청라동 청라한양수자인레이크블루	10억 8,500만	18억	7억 1,500만
경기 성남시 분당구 삼평동 봇들8단지휴먼시아	16억 7,000만	23억	6억 3,000만
경기 의왕시 포일동 인덕원푸르지오엘센트로	16억 3,000만	22억	5억 7,000만
경기 광명시 일직동 유-플래닛광명역데시앙	15억 2,000만	20억	4억 8,000만
경기 안양시 관양동 평촌더샵센트럴시티	15억 1,000만	20억	4억 1,000만
서울 강서구 마곡동 마곡엠벨리7단지	14억 9,500만	19억	4억 500만
경기 고양시 덕양구 도내동 고양원흥동스위트	11억	15억	4억
경기 과천시 원문동 과천위버필드	21억 9,000만	25억	3억 1,000만

지에 비해 해당 지역의 호재 정보에 접근하기가 수월해진다. 다양한 홍보 콘텐츠를 제작하면 입지가 더 좋은 다른 단지보다 높은 호가를 형성할 수 있다.

예를 들면 광교 중흥S클래스와 인덕원 푸르지오엘센트로, 동탄역 시범더샵센트럴시티는 젊은 층의 매수 비율이 높은 곳으로 잘 알려져 있다. 특히 다른 지역에 비해 부동산 커뮤니티 카페나 맘카페를 비롯한 다양한 온라인 커뮤니티에서 끊임없이 회자되며 많은 활동량을 보이고 있다.

이 세 단지는 일단 거래량이 다른 아파트에 비해 많지 않고 거래 간 매매가 상승폭이 크다는 공통점이 있다. 매매가가 거의 등락하지 않으면서 신고가율이 높고 실거래가 상승세만 나타나고 있다(계약된 물건의 층수나 기타 조건에 의한 계약 제외). 세 단지의 호가에 공유된 정보나 시세가 빠르게 반영되고 있기 때문이다. 이로 인해 실구매자들의 매수세가 뚜렷하게 강해지고 있다는 점은 상당히 주목할 만하다.

한편 젊은 층 소유주의 비율이 높은 기흥역 센트럴푸르지오나 마곡엠벨리의 거래량과 신고가율은 여타 아파트와 비슷하다. 광교, 동탄, 인덕원 신축단지들에서 형성되는 신고가율, 매매가 파동, 호가를 보면 정보나 트렌드를 흡수하는 능력이 다른 지역에 비해 효율적인 시스템을 갖추고 있다는 점을 알 수 있다.

결국 단지의 장점과 정보를 알리고 호재를 가격에 반영하는 능력, 곧 매스 브랜딩의 효과로 상당한 성과를 내고 있는 것이다. 이들 단지는 더 좋은 입지의 서울 신축단지들보다 높은 실거래가를 보이고 있다.

압구정8학군의 투자노트 ✏️

좋은 입지만 쫓기보다는 스스로 목수가 되어 내가 사는 지역을 압구정 같은 핵심지로 일구고 8학군으로 만들기 위해 매스 브랜딩을 하라. 부동산 목수의 법칙은 내가 살고 있는 곳에 애착심을 가지고 내가 사는 곳의 잠재력이나 장점을 살리기 위해 다양한 방식으로 홍보하고 브랜딩을 하는 일련의 모든 활동과 밀접한 관련이 있다.

소액 투자에 적합한 지역을 어떻게 찾을까?

안정적인 수익을 창출하는 핵심 투자지, 즉 주요 수익을 창출하는 지역을 뜻하는 익스플로이테이션(Exploitation, 개발 혹은 이용)은 지역을 스스로 더 연구하고 개발 호재를 시세로 연결할 수 있도록 지역 주민과 함께 노력하는 활동에도 적용된다. 또한 나의 주요 물건지에서 쌓은 노하우와 수익을 주요 물건지와 비슷하지만 성향이 다른 신규 지역, 즉 익스플로레이션(Exploration, 탐사) 지역에 투자한 뒤에 그 지역의 개발 호재나 잠재력을 발굴하고 홍보하는 활동도 부동산 목수의 법칙과 일맥상통한다.

예를 들면 아기 개미가 음식을 가지러 갈 때 아는 길을 놔두고 새로운 길을 찾는 방식이 익스플로레이션(탐사)이다. 익스플로이테이션(개발)은 가본 길 중에 가장 나은 길을 선택하는 방식이다. 이렇게 기존 투자지의 개발과 탐사가 조화를 이루어야 학습의 효율성이 높아진다.

따라서 내가 소유하고 있거나 잘 아는 지역에 투자하는 것이 안정적인 전세 수요를 품고 있는 지역을 고를 때 중요한 덕목이 된다. 또한 내가 잘 모르지만 실거주하기에 좋고 발전 가능성이 있는 곳을 찾기 위해 내가 이미 소유하고 있는 아파트와 완전히 상반된 곳과 매우 유사한 곳을 골고루 탐색해보는 것도 좋다.

이 말인즉, 자산을 증식하려면 일부 탐사 지역에도 공격적으로 투자해서 균형 있는 포트폴리오를 디자인하는 것이 중요하다는 뜻이다. 어떠한 투자를 하든 탐사와 개발은 항상 같이 있어야 발전한다. 다양성을 인정하고 투자를 분산해야 큰 수익을 얻을 수 있다.

전세로 살고 있는 무주택자가 첫 번째 투자 지역을 결정할 때 중요한 포인트는 개발과 이용에 해당하는 '주요 투자 지역'을 잘 선택하는 것이다. 주요 투자 지역은 내가 잘 알고 통제할 수 있는 지역이어야 한다. 내가 전월세를 관리하는 데는 실제로 살아본 지역이 좋다는 뜻이다. 그 지역의 특성이나 장단점을 꿰뚫고 있기에 어느 시기에 전세를 놓아야 유리한지 등의 투자 정보를 수월하게 파악할 수 있다.

익스플로이테이션을 기반으로 투자 지역을 선정하면 향후 전세의 단기 조정이나 하락기가 왔을 때 당황하지 않고 현금 유동성을 조절할 수 있다. 소액 투자의 핵심은 장기 보유를 위해 실거주하기에 좋고 전세 수요가 풍부한 곳을 저렴한 가격에 매수해서 안정적으로 관리하는 것이다.

예를 들어 실제 투자에서 포트폴리오를 디자인할 때는 처음에 핵심 투자지인 분당에 1채(20평대)를 투자한다. 그 다음 분당과 지리적으로 근접한 구(舊)성남에 투자하면 지역의 호재나 거래량 혹은 입주 물량 정보가 많기 때문에 관리하기에 유리하다.

즉, 구성남은 행정구역이 동일하고 지리적으로 근접하기 때문에 핵심 물건지(분당)처럼 애착을 가지고 관리할 수 있다. 개발 호재를 분당과 연계해서 분석할 수도 있다. 여러 가지 개발계획을 추진하기 위한 위원회를 꾸려 활동하거나 여론을 형성하는 과정에서 분당 주민들과 협업할 수도 있어 추진력의 시너지를 낼 수 있다.

실례로, 분당 수지 SRT 역사 추진 위원회의 경우에 분당 주민뿐만 아니라 동천, 죽전, 용인, 기흥, 성남 주민 들까지 협업해서 더 큰 영향력을 창출했다. 이를 통해 여론을 형성하고 공론화하는 데

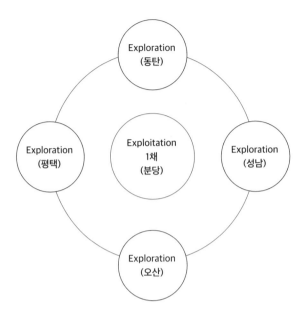

분당 1주택자의 2주택 매수 선택지를 분석한 사례

큰 도움이 되었다.

마지막으로 분당과 근접한 지역에 투자하면 전세를 놓거나 전세 계약을 갱신할 때 전세가 정보를 얻기가 수월하다. 오랫동안 밀착 관리할 수 있는 장점도 있다는 사실 역시 참고하면 좋다.

평촌 또한 분당과 같은 1기 신도시 지역으로, 학군이나 전반적인 지역 인프라 그리고 서울 접근성 등에서 상당히 유사하다. 그래서 어렵지 않게 지역 정보를 축적할 수 있다. 잠재된 리스크나 전세가 조정기를 미리 예측하고 대비할 수 있는 장점도 있다.

평촌이나 분당 그리고 성남의 아파트에는 없는 신축의 장점을 품고 있는 동탄2신도시는 2차 매수 타깃으로 좋은 선택지가 될 수 있다. 동탄2신도시의 경우, 신축이 주축인 지역답게 더 큰 매매가 상승을 보인다.

더욱이 2030이 주축이 되어 매수세를 형성하고 있는 동탄에서 아파트를 매수하면, 가파른 상승률과 실거주의 편리성을 경험할 수 있다. 전세 보증금 상승분으로 현금을 확보해야 하는 다주택자라면 매력적인 포트폴리오 조각이다.

마지막 관심 투자 지역인 오산에는 다른 곳에 비해 투자금이 적고, 여러 채를 매수할 수 있는 1억 원 이하의 구축 물건들도 있다. 그래서 다주택자 포지션으로 단기에 여러 채를 한꺼번에 늘리는 전략에 매우 적합한 지역이다. 오산도 분당과는 전혀 다른 지역적 특성이 있지만, K반도체 벨트인 동탄, 평택 그리고 수원으로의 접근성이 상대적으로 좋다. 때문에 우수한 일자리에 접근하기 편하고 전세 수요가 안정적이다. 공급량이 향후 2년 동안 제한적이라는 점을 고려하면 안정적인 전세가와 상대적으로 적은 갭을 이용해서 공격적인 투자에 나설 만한 지역이다.

요약하면, 이미 잘 알고 있는 지역에 투자하면 실거주 적합성을 판단하기에 좋다. 이로 인해 전세를 안정적으로 관리할 수 있고 전세 수요도 수월하게 예측할 수 있다.

자산 증식 측면에서 보면 새로운 지역을 탐사해서 과감하게 투자하는 자세도 중요하다. 물론 먼저 전세 수요를 파악해야 한다. 투자에서 다양성을 수익으로 실현하려면 여러 물건을 굴려보는 경험이 중요하다는 뜻이다. 그 지역에서 실제로 살아보면 해당 지역과 저평가된 지역의 정보를 얻을 수 있다. 결국 그 지역의 전문가가 되어 추가로 투자할 때 더 좋은 수익률을 거둘 수 있다는 원리다.

이런 방식으로 해당 지역의 목수가 되어 내가 소유한 물건들에 도움이 되게끔, 주민이 참여해서 다양한 투자를 유치하는 추진위원회에서 활동하는 것을 추천한다. 또한 블로그나 카페에 지역의 장점을 소개하는 것도 좋은 방안이다. 지역 발전에 이바지하게 되면 결국 내가 투자한 물건들에 그 혜택이 돌아오기 때문에 장기 보유를 목적으로 삼는 투자에 동기부여까지 도모할 수 있다.

소액 투자는 손실이 나더라도 다시 대비할 수 있도록 안전장치를 구축하는 시스템이 생명이다. 매매보다는 장기 보유가 목적이기 때문에 전세가가 탄탄하게 유지되는 '방탄 아파트'를 고르는 것이 중요하다. 어느 정도 리스크를 관리할 수 있는 안정성이 확보되면 자산의 가파른 상승과 수익의 달콤함을 느끼게 해줄 새로운 지역에 투자해야 한다.

유사한 아파트에만 여러 채 투자하면 다양성을 잃게 된다. 한 지역에만 몰입하면 예측이 힘든 시장의 불확실성에 유연하게 대항하기 힘들어진다는 점도 기억하자.

젊을수록 이사를 많이 다니자. 내가 그 지역에 살면 해당 지역의 특징을 파악할 수 있다. 내가 살아본 지역에는 관심을 가지고 지켜보게 되는 애정이 생기고, 그 애정이 투자로 이어진다.

안정된 투자 생활을 이끌어가는 것도 중요하고 새로운 지역을 찾아나설 필요도 있다. 그래서 특징이 서로 다른 아파트들을 보유해서 물건 각각의 특징에 따라 시장의 변동성에 유연하게 대처해나가는 기술을 익혀야 한다. 반대로, 안정성을 인정하지 않고 익스플로레이션(모험)만 하는 것도 위험하다. 다음 방법으로 두 가지를 적절하게 조합해서 내 성향에 맞는 포트폴리오를 구성해야 한다.

1. 내 단지나 지역의 다양한 정보를 수집한다.
2. 내가 수집한 정보 혹은 호재 내용을 단지 구성원들과 공유하고 더 나은 방향으로 발전시키기 위한 토론을 진행한다.
3. 내 지역이나 단지에 잠재된 가치를 호가에 반영할 수 있도록 공론화한다(온라인 홍보).
4. 향후 전개할 수 있는 안건을 위한 추진위원회를 만들거나 참여한다.
5. 지역 발전과 개발 호재를 끌어오기 위한 다양한 활동과 의견에 적극 참여한다.
6. 실현할 수 있는 잠재적 가치를 구성원과 공유하고 다양한 의견을 청취해서 미래의 지역 개발계획에 참여한다.

2장.
좋은 소액 아파트는
안전한 우량주다

부동산 유기체의 법칙: 집은 살아 숨 쉬는 공간

유기체는 구성요소가 유기적으로 연결되어 생활을 유지하는 통일체를 의미한다. 내가 집(부동산)을 유기체와 같다고 비유한 건 집 자체의 가치와 기능은 멈춰 있는 것이 아니기 때문이다. 집은 그 공간에서 '사람이 생활하고 주거할 수 있는 기능'을 갖추고 있다. 나아가 그 공간을 구성하는 사용자가 새로운 가치를 창출하는 조직체다. 이러한 집의 가치 상승이나 기능을 설명하기 위해서는 어떻게 그 가치가 변화하고 조직되는지를 밝히는 이론과 법칙이 필요하다. 이 법칙을 이해하면 합리적이고 지속 가능한 투자 성과를 낼 수 있다.

집은 유기체처럼 우리의 추억과 기억이 살아 숨 쉬는 공간이다. 다음 이야기를 통해 이런 집의 특성과 기능 그리고 가치를 되새겨

보자.

나는 SBS 〈영재발굴단〉이라는 프로그램에서 단양의 슈베르트 배용준 군의 사연을 시청하고 마음에 상당한 울림을 느낀 적이 있다. 피아노에 천부적인 재능이 있는 배용준 군은 어머니를 기쁘게 해드리기 위해 항상 최선을 다해 피아노 연주를 했다. 그 모습을 지켜본 어머니는 아들의 재능을 통해 자신의 못다 한 꿈을 이룰 수 있다는 희망을 품게 된다. 배용준 군이 피아노를 치면 어머니는 아픈 몸을 이끌고 옆방 침대에서 그 모습을 바라보곤 했다. 하지만 온몸으로 퍼진 병마의 고통을 잠시나마 잊고 한없이 행복한 미소를 지으며 아들을 바라보던 어머니는 곧 세상을 떠나게 된다.

이 사연에서 항상 등장하는 공간, 즉 용준 군과 어머니가 피아노를 매개로 희망을 꿈꾸며 현실의 아픔을 잊으려고 노력하는 공간이 바로 집이다. 다른 무엇과도 바꿀 수 없는 대체 불가한 의미를 띠는 곳이다. 특히 어머니가 돌아가신 뒤로 용준 군은 이 집에서 어머니와 행복했던 시절을 떠올리며 괴로워한다. 피아노를 치지만, 한편으로 나를 바라보던 어머니가 얼마나 아팠을까를 생각하면서 참았던 눈물을 삭이는 용준 군의 모습은 지금도 잊을 수가 없다. 집이라는 공간은 단순히 매매가가 얼마고 전세가가 얼마라고 단정 짓는 상품 이상의 가치를 지닌다. 그 안에서 나와 함께 희로애락과 추억 그리고 꿈을 키워나가는, 가격을 매길 수 없는 살아 있는 기억들의 유기적 집합체인 것이다. 용준 군이 어머니와 영원히 작별한 후에 세상에서 가장 사랑했던 어머니의 침대와 방 그리고 피아노를 치우지 못하는 이유다. 그 공간 자체가 용준 군에게는 어머니의 영혼이 숨 쉬는 장소다. 그 공간이 용준 군에게는 꿈을 포기하지 못하는 이유이자 살아 있는 이유가 되어버렸다. 제아무리 좋고 비싼 집에 이사를 가더라도 그 집에는 용준 군의 그 공간을 대체할 수 있는 가치가 없다. 그곳은 살아 숨 쉬는 추억을 만나는 곳이고 영원한 안식처이며 이 세상에 없는 어머니와 마음으로 소통하는 생명력을 띤 하나의 유기체다.

의식주에서 '주'는 거주 기능 그리고 그 공간에 얽힌 기억과 추억을 품고 있다. 그런 의미에서 부동산은 살아 움직이는 가치를 보유한 유기체라고 생각한다. 더욱이 집은 사유 공간이라는 핵심 권리를 제공한다. 이 권리는 우리 삶을 더욱 윤택하게 가꿔준다.

집은 '삶의 보호막'

집은 시간이 흘러도 가치가 떨어지지 않는 유기체라고 앞에서 설명했다. 이 개념을 가장 직관적으로 증명하는 관점 중 하나가 바로 내 생명과 안전을 지켜주는 '보호막' 역할을 한다는 시각이다.

집이 보호막 역할을 한다는 의미는 법적 측면에서도 설명할 수 있다. 어떤 이유건 어떤 방식이건 타인이 집 소유주의 동의를 얻지 않고 집에 들어와서 나가지 않으면 무거운 법적 처벌을 받는다. '거주 침입'은 침입자가 그 안에서 물건을 훔치거나 집을 훼손하거나 신체적 상해를 입히지 않아도 그 자체만으로 상당히 심각한 범법행위다.

집을 매수하는 행위는 나를 법적으로 지켜줄 수 있는 사유 공간을 확보하는 일이다. 단순히 그 재화를 구성하는 자재나 인테리어 혹은 건설사의 브랜드 사용권을 구매하는 일이 아니다. 또한 그 집의 기본 토대인 땅, 그리고 그 땅 안의 공간을 영구히 사용하는 권한을 양도받는 일이다.

1인 세대수 증가와 코로나의 전 세계적 창궐 같은 특수한 상황 때문에 거주용 부동산 시장의 수요는 더욱 늘어났다. 그와 동시에 수요가 급속도로 다각화되고 있다. 예를 들면 집에 있는 시간이 많아질수록 답답함을 해소할 수 있는 대형 평수에 대한 수요가 증가하고 있다. 또한 한강 뷰, 워터 뷰, 호수 뷰, 오션 뷰의 가치가 상승하였다. 이렇게 주거 수요의 트렌드가 변화하는 현상은 비단 코로나가 창궐해서만이 아니라 다양한 주거 형태가 유행하고 주거 공간이 줄 수 있는 만족감을 얻으려는 욕구가 다각도로 나타난 것이다. 인테리어 산업이 성장하고 인테리어 업체의 매출이 증가하면서 인테리어 비용이 상승한 현상도 이러한 트렌드 변화에 따르는 시장 반응이라고 할 수 있다.

집의 가치 상승과 행복추구권

앞에서 설명한 대로 집의 기능과 가치는 생각보다 엄청나다. 그래서 집값 상승은 기본적으로 대체재로 수요와 공급을 조절할 수 있는 일반 재화와 다른 양상을 보인다.

가령 A 나라에서 종이를 만드는 원료를 생산하지 못하도록 벌목을 금지하고 있다고 해보자. 이 때문에 종이를 수입해서 써야 하고 생산비 말고도 수입하는 과정에서 여러 가지 비용이 발생하므로 가격이 오르게 된다. 종이라는 상품의 공급을 제한하는 요인(벌목 금지)이 있기 때문에 가격이 상승한 것이다. 그래서 공급량을 보완하기 위해 수입이라는 옵션을 선택하게 된다. 다시 말해 종이라는 재화는 전 세계적인 거시 관점에서 보면 어찌되었든 생산량이 해마다 크게 차이 나지 않는다. 따라서 종이를 수입하는 나라도 가격 상승폭이 단기적으로 클 순 있지만, 결국 가격 편차나 최소, 최대 가격의 갭 자체는 유지할 수 있다.

다른 재화도 대부분 마찬가지다. 자원이 고갈되어서 공급량이 줄어들어 가격이 단기적으로 상승해도 결국 인간은 새로운 기술을 접목하거나 융합해서 대체재를 만들어낸다. 더욱이 그 재화의 공급 문제에 미리 대비하거나 혹은 고갈에 맞춰 다른 대체재 기술을 개발해왔다는 사실에 착안할 필요가 있다. 인류가 아직까지 이렇게 발전된 삶을 영위하는 것도 결국 끊임없이 기술을 발전시키고 융합기술을 활용해서 대체재를 개발해 재화의 진화를 모색해왔기 때문이다.

하지만 아무리 기술이 발전하고 대체재가 개발되고 융합기술의 발전으로 재화가 진화해도 그 가치가 변하지 않는 것이 있다. 바로 의식주라는 인간의 기본 욕구나 본능을 충족해주는 필수 재화들이다. 여기에 모든 인간이 추구하는 보편적 가치인 행복추구권을 더할 수 있다. 이 중에서 주거 공간의 가치는 인간의 삶의 질과 행복추구권에 대한 만족도를 결정하는 요소다.

주(住)는 기술 발전과 자본주의 확장으로 가치가 상승해서 어쩌면 가장 중요한 인간의 욕구를 결집한 욕망의 결정체가 되어버렸는지도 모른다. 최근 지속되는 바이러스 창궐로 공공시설이나 공용장소에 대한 신뢰가 하락하고 있다. 이로 인해 사유재산 혹은 사적 공간에 대한 수요는 증가하는 추세다.

부동산의 가치를 이해하기 위한 포인트를 정리해보았다

첫째, 부동산은 일반 재화처럼 시간이 지나면 낡고 기능을 상실하거나 더 좋은 기술력에 밀려 도태되는 상품이 아니다. 공간을 소유하는 개념인 공간 소유권을 이해해야 한다. 즉, 부동산은 그 공간을 둘러싼 제품이나 브랜드 혹은 건설 자재(이를테면 래미안과 주공아파트)의 차이가 가치를 결정하지 않는다. 주거 공간의 가치는, 물론 인테리어나 자재 혹은 신축건물에 부가가치가 붙긴 하지만, 기본적으로 사유 공간을 소유하는 것 자체에 대한 시간적, 공간적 가치 그리고 그 입지로 얻을 수 있는 편리성이라는 이득을 고려해서 산정해야 한다. 다시 말해 좋은 입지가 선사하는 이득은 인프라에 도착하는 데 남들보다 시간을 아낄 수 있는 시간적 이득과 접근 권한을 얻을 수 있는 공간적 이득을 포함한다.

좋은 입지는 곧 교육, 상권, 교통 및 자연환경에서 얻을 수 있는 혜택을 의미한다. 집의 가치를 결정하는 이들 요소는 행복추구권과 직접적인 연관성이 있다.

둘째, 부동산의 가치는 그 부동산을 지탱하고 형성하는 땅(토지)의 가치다. 토지의 가치는 인간이 만들어낸 공산품, 즉 일반 재화나 상품이 아니라 인간의 기본 욕구를 해결하는 데 필수인 사유 공간에 대한 가치로 볼 수 있다. 따라서 부동산 매수는 기본적으로 가치가 절대 0에 수렴하지 않는 지구라는 행성에서 인간이 살아가야 하는 토대인 제한된 토지라는 공간을 소유하는 일이다. 따라서 0에 수렴하는 다른 재화와는 본질적으로 다르다. 결국 장기적인 관점에서 봤을 때 제한된 국토에서 집의 가치는 하락할 수 없다.

30년 이상 된 연식의 주공아파트라도 핵심지에 있으면 외곽에 있는 최첨단 래미안보다 비싸기도 하다. 바로 토지의 유한성 때문이다. 부동산은 토지 위에 있는 공간의 가치를 사는 것이라는 개념을 설명하는 사례가 될 수 있다.

셋째, 부동산은 앞서 언급한 행복추구권이라는 중요한 가치를 축적하는 매개체이자, 그 공간에서 경험한 모든 기억과 추억 그리고 시간을 만들어내는 가치 생산시설이다.

집은 가치를 생산하는 생산시설이다. 그 생산시설에서 만들어낸 공산품이 아니라는 말이다. 토지 위의 공간을 소유하는 부동산은 상품처럼 사고팔면서 돈을 버는 수단이 아니다. 오히려 오래도록 묵혀서 그 생산시설에서 만들어내는 공간적, 시간적 가치를 축적해야 한다. 행복추구권을 확장하고 극대화하기 위해서는 주체가 되어 주변 개발을 유도하려고 노력하는 과정이 필요하다.

따라서 내가 살고 있는 공간과 추억과 행복을 사고팔거나 가치를 폄훼하거나 상급지니 하급지니 하면서 서열화하는 행위는 이치에 맞지 않는다.

유기체의 법칙을 설명하는 이유는 부동산이 돈으로 값어치를 매길 수 없는 개념이라는 점을 강조하기 위해서다. 구성원 각각의 추억과 기억이 담긴 집의 절대적 가치를 무시한 채 부동산을 지역에 따라 서열화하는 것은 맞지 않다. 부동산으로 사회에 갈등과 분열을 조장하는 행태는 더욱이 경우에 맞지 않는다는 점을 강조하고 싶다. 갈아탄다느니 똑똑한 한 채를 산다느니 비과세로 판다느니 하는 옵션들은 내 가족과 내 행복, 추억 그리고 삶이 담긴 집의 절대적 가치를 망각하는 표현이다.

스스로 집이라는 공간이 선사하는 절대적 가치를 소중히 여기지 않고 타인의 기준에 따라 내 집을 평가하는 행위 역시 바람직한 발상이 아니다. 결국 집이 제공하는 이런 엄청난 가치들을 이해하면 집을 쉽게 사고팔 수 없게 된다. 집은 최대한 오래 보유해야 그 가치를 제대로 평가받을 수 있다는 관점도 유기체의 법칙으로 보면 쉽게 이해할 수 있을 것이다.

집은 파는 것이 아니다. 모으는 것이다. 가장 좋은 투자법은 종잣돈을 모아서 전세가 잘 나가는 좋은 입지에 아파트를 매수한 뒤에 전세를 놓는 것이다. 그리고 시세가 올라도 팔지 않는다. 조정기가 와도 팔지 않는다. 하락세가 회복되도 팔지 않는다. 더 올라도 팔지 않는다. 비과세 유혹이 있어도 팔지 않는다. 고민되지만 팔지 않는다. 그냥 팔지 않는다.

부동산 시장의 원리 1: 세금은 임차인의 부담이 된다

집주인에게 세금을 부과하더라도 시장에서 가격이 조정되는 과정을 통해 그 부담이 직간접적으로 타인에게 이전되는 것을 조세 전가(轉嫁)라고 한다. 그리고 조세 전가 과정에서 조세 부담이 임차인에게 귀속되는 것을 귀착이라고 한다. 집주인이 세금의 증가분만큼 전세가를 올리기 때문이다. 그래서 결국 상승분이 임차인의 부담으로 귀속된다.

조세가 부담되어서 집주인이 실제 수익을 따져본 뒤에 매물을 거둬들이면(세금 인상분보다 더 상승할 때까지 관망), 매물이 감소해서 시장에서 매물 가격은 올라간다. 여기서 임차인은 매매가와 전세가 상승으로 1차적인 타격을 받는다. 또한 매물의 호가가 조세 부담 때문에 높게 형성되기 시작하면 더 높은 가격에 실거래가가 형성된다. 이 때문에 전월세가 더욱 상승한다. 다음 그림과 같이 임차인은 2차적인 조세 귀착의 영향을 받게 된다. 결국 세금이 상승하면 그 부담이 임차인에게 전가되는 셈이다.

부동산 시장의 원리 2: 시장을 누르면 가격은 오른다

부동산 유기체의 법칙에서 부동산은 공간의 실제 사용자(점유자)와 소유자 간 상호작용으로 가치의 등락 현상이 생길 수 있다. 부동산을 둘러싸고 관련 당사자들이 벌이는 거래와 상호작용은 수요와 공급 법칙의 영향을 받는다. 그런데 시장의 수요와 공급에 따르는 법칙이 아니라 외부의 제3자(정부)가 개입해서 일정한 부담을 안기면 반발작용이 일어날 수 있다.

부동산은 유기체이기 때문에 그 압력 혹은 억압에 반대로 반응한다. 다시 말해 시장은 외부 압력에 반작용을 일으킨다. 외부 압력이 강할수록 더 큰 자극이 되어 가격은 오르고, 압력이 약할수록 오히려 가격은 내려간다. 이 법칙을 '부동산 시장의 작용과 반작용

주택 공급자에게 세금을 부과한 이후 공급곡선의 이동
(출처: 중앙일보, 2020년 7월 19일)

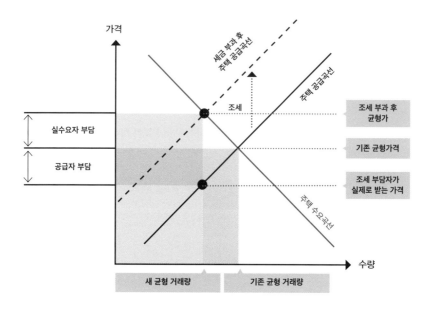

원리'라고 명명하겠다.

'부동산 시장의 작용과 반작용 원리'는 부동산이 유기체라는 개념을 더욱 설득력 있게 보여준다. 마치 정부가 벌목 비용을 올리면 제지회사는 종이 가격을 올리는 것과 유사하다. 제지회사가 소비자에게 그 비용을 떠넘기는 것이다. 집이라는 재화의 가격을 결정하는 주체는 결국 집주인이고, 최종 사용자가 그 재화를 사용하려면 정해진 가격을 따를 수밖에 없다.

집이라는 사유 공간은 종이같은 공산품처럼 그 공간을 포장한 브랜드나 인테리어 비용만으로 가격이 매겨지지 않는다. 집은 공산품(무기체)처럼 생산비용(물류비 포함)과 마진으로 가격이 책정되지 않는다는 뜻이다. 집은 뿌리인 토지와 그 위에 형성된 공간의 사용 가치를 소유자가 주관적으로 판단해서 가격을 매긴다. 제3자가 집의 가격 형성에 개입하는 것 자체가 이상적이지 않다고 생각한다.

부동산 시장의 원리 3: 노이즈 마케팅의 영향

집값을 구성하는 가장 큰 요소는 공간을 독점적으로 사용하고 소유할 수 있는 권리와, 인간이 그 안에서 생활하는 가치다.

외부에서 규제로 억압하면 오히려 그 가치가 더욱 부각되는 효과가 생긴다. 그래서 가치 상승이 시세 상승으로 이어지는 것이다. 부동산 가격을 결정하는 핵심 요인은 '주거 공간을 본능적으로 그리고 필수적으로 필요로 하는 인간'의 수요다. 인간의 수요는 구매를 결정하는 과정에서 심리적인 영향을 많이 받을 수밖에 없고 마케팅에서 말하는 고객 심리를 좌우하는 여러 요소의 영향을 받는다.

특히 부동산은 거주 기능을 제공하는 필수재이기에 여기저기서 많이 회자되거나 이슈가 될수록 매수에 관심 있는 수요자들이 받는 심리적 압박은 더욱 거세진다. 그래서 '노이즈 마케팅' 원리가 가장 잘 통하는 시장이 바로 부동산 시장이다.

우리가 부동산을 매수할 때 체크해야 한다고 흔히 말하는 중요

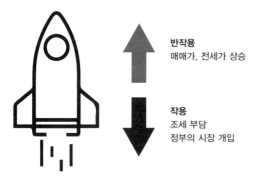

반작용
매매가, 전세가 상승

작용
조세 부담
정부의 시장 개입

시장의 작용과 반작용 원리와 법칙

한 포인트로는 '역세권, 직주 근접, 의(병원)세권, 숲세권, 관공(서) 세권, 학(군)세권' 등이 있다. 이에 못지않게 요즘 중요한 세권이 바로 '욕세권'이다. 사람들이 욕하는 신개발 구역은 가격이 많이 회자되어 오른다는 논리다. '욕을 많이 먹으면 오래 산다'는 말이 있다. 욕을 먹거나 외부에서 압력을 넣고 여러 가지 부정적인 관점이 많이 회자될수록 반작용의 원리가 적용되는 이치다. 더욱이 '욕은 멀리 간다'는 말처럼 욕세권이 되면 그 지역 정보가 더 멀리 있는 사람들 귀에까지 소문으로 퍼질 수 있다. 그로 인해 그 지역이 오히려 저평가된 지역으로 판단될 수 있어서 더욱 주목받게 되고 이런 방식으로 매수량이 늘어난다.

부동산은 이미 오른 핵심지보다 앞으로 많이 오를 '저평가 지역'을 찾는 것이 중요하다. 욕세권 지역을 '노이즈 마케팅의 원리'에 적용해보자. 더 많은 정보가 더 먼 곳에 있는 수요자들 귀에 들어간다는 원리는 중요한 투자 포인트가 될 수 있다.

역대 정부가 임기 동안 부동산 문제에 대한 대책을 수없이 내놓았다. 처음에는 이들 대책이 시장을 압박해서 매수 심리를 단기적으로 억압하는 효과를 냈을지 모른다. 하지만 대책이 빈번하게 나와서 시장에 '내성'이 생기면 이야기는 달라진다. 그 대책이 결국에는 매물 가격에 긍정적인 현상을 일으킨다는 인식이 널리 퍼지게 되었다. 그 결과, 규제지역으로 선정된 곳들이 가파르게 오르는 '시장의 작용과 반작용 원리'를 우리는 경험했다.

잦은 대책들로 인해 부동산은 역대 정부 임기 내내 가장 핫한 이슈로 자기매김하게 되었다. 주택 매수에 큰 관심이 없던 사람들조차 부동산 전문가가 되어버리는 현상이 벌어졌다. 주식이나 코인, 펀드보다 부동산에 대한 관심과 수요가 압도적으로 많아진 이유가 무엇일까? 바로 정부가 일으킨 '노이즈 마케팅의 원리'가 매수자들을 끌어오는 효과를 거두었기 때문이다. 규제정책을 지속적으로 발표해서 시장을 자극하는 바람에 '시장의 반작용 원리'가 자주 발동했다.

부동산 수요의 다양화

부동산은 단순히 거주하는 필수재일 뿐만 아니라 사회적인 위치와 계급을 보여주는 명함이 되었다. 여기에 교육, 인프라, 건강, 문화생활, 거주환경을 결정짓는 인간의 모든 욕망을 충족해주는 사회적 욕망의 집결체가 되었다.

이러한 변화로 인해 최근에 우리는 집값이 상향 평준화하고 전국의 모든 지역이 오르는 상승장을 경험하고 있다. 누군가의 부를 판단하는 기준이 어디에 사느냐보다 얼마나 많은 집을 보유하고 있느냐로 바뀌는 추세다. '주거지'가 품고 있는 가치가 '입지'뿐만 아니라 다각화하고 있다는 증거다.

굴지의 건설회사들이 런칭한 수많은 브랜드 아파트 단지가 서로 치열하게 경쟁하는 곳은 전 세계에서 찾아보기 힘들다. 브랜드 단지들의 경쟁으로 주거 공간 말고도 단지 내 부대시설의 질이 엄청나게 높아지면서 인테리어 산업 역시 눈부시게 성장했다. 그에 따라 주거 공간의 가치를 판단하는 기준도 더욱 다양해지고 있다.

우리는 좋은 주거지에서 더 높은 사회적 위치를 선점하고 더 좋은 교육환경과 의료환경에서 살고 싶다는 복합적 욕망을 품게 되었다. 이 욕망이 촉발시킨 1기 부동산 시장의 부흥을 지나서 새로운 2기 부동산 시장의 진화를 경험하고 있다. 다시 말해 어느 지역에 거주하는지보다 어떤 신축 브랜드 대단지 아파트에 거주하는지, 그리고 그 지역이 어떤 잠재력을 지니고 있는지를 중요한 가치로 여기는 젊은 층이 늘어나면서 새로운 부동산 시장의 패러다임이 열리고 있는 것이다.

판교, 과천, 분당 그리고 광교나 동탄의 아파트 가격이 웬만한 서울의 핵심지보다 높아지는 새로운 현상은 부동산 시장에 변화의 물결이 다가오고 있음을 뜻한다. 수도권이나 지방 핵심지의 부동산 가격이 서울과 키를 맞추는 현상도 이러한 맥락에서 해석할 수 있다. 내가 소액 갭 투자의 필요성을 역설하는 이유도 이러한 새로운 트렌드의 부동산 시장에서 투자를 성공적으로 이끌기 위해서다. 새로운 패러다임의 시장에는 새로운 방식으로 접근해야 한다. 지금은 좋은 입지에 좋은 대단지 아파트를 매수하려고 돈을 무작정 모으는 방식은 통하지 않는다. 가격이 비현실적으로 올랐기 때문이다. 결국 소액 투자가 답이다.

시장은 매물 잠김 현상으로 폭등을 경험하고 있고, 이 때문에 전국의 모든 아파트 값이 상승하고 있다. 지금과 같은 상황에서는 최대한 소액을 투자해서 최대한 많은 물건을 매수해 수익을 최대화하는 것이 중요하다. 예를 들어 2억 원(덜 똘똘한 한 채 투자금)으로 한 채당 1,000만 원씩 1억 원 이하의 물건을 10채 매수했는데, 그 아파트가 1억 원 이상의 물건이 되어 한 채당 1억 원 이상의 수익을 얻었다고 해보자. 한 채에 투자해서 얻는 수익의 몇 배를 거두게 된 셈이다. 또한 2년 후에 전세가가 한 채당 1억 원 상승해서 그 상승분으로 재투자를 하면 시간이 지나면서 물건 개수가 증가해 상승률은 더 커진다. 이렇게 되면 덜 똘똘한 한 채에서 올리는 수익률과 대비해 격차는 더욱 벌어질 것이다.

압구정8학군의 투자노트

1. 집주인이 세금이 오를 것을 미리 계산해서 세금 증가분을 적용해

더 높은 금액으로 전월세를 놓게 되면 결국에는 그 증가분이 임차인의 부담으로 귀속된다는 것이 '세금 귀착의 원리'다.

2. 부동산을 둘러싸고 관련 당사자들이 벌이는 거래와 상호작용, 즉 시장의 수요와 공급을 따르는 법칙이 아니라 외부의 제3자(정부)가 개입해서 일정한 부담을 안기면 부동산은 그 규제의 압력에 반대로 반응한다. 다시 말해 시장이 정부 의도와는 반대로 움직이게 되는데. 이 법칙을 '부동산 시장의 작용과 반작용 원리'라고 한다.

3. 부동산은 거주 기능을 제공하는 필수재이기 때문에 여기저기서 많이 회자되거나 이슈가 될수록 매수에 관심 있는 수요자들이 받는 심리적 압박은 더욱 거세질 수밖에 없다. 그래서 '노이즈 마케팅의 원리'가 가장 잘 통하는 시장이 바로 부동산 시장이다.

압구정8학군의 투자노트 ✎

덜 똘똘한 한 채에서 2억~3억 원의 수익을 얻으려면 많은 자본금이 필요하고, 또한 징벌적인 조세 시스템 때문에 내 주머니에 남는 돈은 얼마 되지 않을 것이다.

우리는 최대한 소액을 투자해서 최대한 많은 물건을 매수해 수익을 최대화하는 것이 중요하다. 예를 들어 2억 원(덜 똘똘한 한 채 투자금)으로 한 채당 천만 원씩에 1억 원 미만의 물건을 10채 이상 구매했는데. 그 아파트가 1억 원 이상의 물건이 되어 한 채당 1억 원 이상의

수익을 얻었다고 하면 한 채에 투자해서 얻는 수익의 몇 배를 거둘
수 있다.

3장.
집값 호재는
퍼져나간다

부동산 열전도의 법칙: 호재는 결국 스며든다

개발 호재가 그 영향권에 든 수혜 단지에서 다른 수혜 단지로 옮겨가는 현상을 분석해보았다. 호재라는 열기가 옮겨가는 과정을 분석하는 작업은 성공적인 투자의 핵심 원리를 이해하는 데 중요한 역할을 한다고 생각했기 때문이다. 부동산 열전도의 법칙은 개발 호재가 최대 수혜 아파트에서 인접 아파트로 어떻게 이동하는지를 분석하고 이동 과정에서 가격 상승이 얼마나 전달되는지를 설명하는 법칙이다.

호재가 퍼지는 모양은 열전도 과정중 온도의 차이에 의한 확산과 비슷하다. 그래서 호재가 열전도의 법칙에 따라 인접 단지로 계속 옮겨가는 동안 타이밍을 잘 예측해야 한다. 특히 열전도의 법칙과 연쇄 상승 반응의 요인들을 연결해서 분석하는 작업이 중요하다. 열전도의 법칙을 이해하고 적용할 줄 알게 되면 투자의 골든 타임을 설정하고 그 타이밍에 좋은 물건을 매수할 수 있을 것이다.

앞서 언급했듯이 부동산은 투자를 위한 유동자금을 만들어내는 생산시설 그 자체다. 부동산 유기체의 법칙에서 중요한 포인트 하나는 '부동산은 결국 인간이라는 매개체를 통해 발전하고 진화하며 그 가치를 평가받는다는 점'이다. 이런 특징을 통해 유추할 수 있는 사실은 부동산의 가치를 결정짓는 데는 사용자의 평가가 가장 중요하다는 점이다. 이 가치 평가는 결국 입지에 대한 평가다. 이 가치나 정보가 열처럼 호재나 개발 정보와 직접 접촉하면서 다른 물건으로 전해지는 부동산 열전도의 법칙이 성립하게 된다.

부동산에 투자할 때 가장 중요한 원칙은 가격 상승을 예측하고 타이밍을 파악하는 것이다. 부동산은 주식이나 코인에 비해 호재가 시세에 반영되는 시간이 상대적으로 느리고, 또한 예측 가능하다. 그래서 개발이나 호재가 어떻게 시세에 연결되고 어느 정도 시간이 소요되는지를 파악하는 것이 중요하다.

뒤에서 설명하게 될 부동산 골든 타임의 법칙과 연쇄 상승 반응의 법칙을 이해하려면 개발 호재의 영향을 받는 단지들이 어떤 식으로 상호작용을 하는지 알아야 한다. 이를 통해 수익률을 극대화하고 안정적으로 수익을 얻을 수 있는 물건을 탐색하고 투자하는 방식을 공부해야 한다.

개발 호재와 열전도 현상

다음에 있는 오산역 근방 지도를 보면 오산역에서 가장 가까운 대단지는 오산역 e편한세상이라는 것을 알 수 있다. 오산역의 교통 편리성, 근처에 형성된 상권 그리고 대단지 브랜드 아파트라는 점을 고려할 때 역세권 관점에서 대장아파트는 오산역 e편한세상이다.

역세권 대장아파트는 역에서 가장 가깝고 서울이나 다른 지역으로 이동하기에 편리하다는 가치를 인정받는다. 대장아파트 단지는 브랜드 대단지거나 신축인 경우가 대부분이다. 이 가치는 역세권에 상권과 다양한 문화시설 및 의료시설이 모이는 현상이 복합적으로 작용한 결과다. 그래서 어느 지역이건 핵심지에 위치한 단지는 시세가 높을 수밖에 없다.

어느 지역이건 해당 지역의 시세를 이끌어가는 대장아파트 단지가 있다. 그 단지의 시세가 지역의 가치를 평가하는 기준이 된다는 점은 열전도의 법칙을 이해하는 데 중요한 요소다. 다시 말해 대장아파트의 현재 시세와 시세 상승폭은 그 지역의 가치가 저평가 혹은 고평가되었는지를 판단하는 대표적인 척도가 된다. 또한 지방이라면 서울이나 강남까지 접근하는 데 걸리는 시간이 시세를 형성하는 중요한 요소다. 어느 지역이건 해당 지역의 대장아파트 시세는 가장 예민하며, 호재의 반응성과 상승폭이 가장 큰 특징을 보인다. 호재나 개발의 반응성은 대장아파트에서 그 주변으로 열(상승력)이 옮겨가면서 지역 전체에 걸쳐 서서히 식어간다.

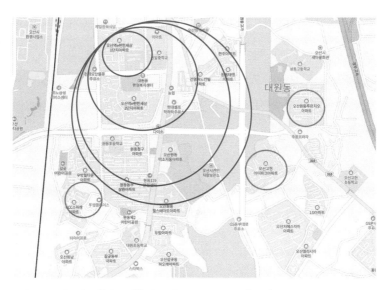

오산역 근처의 열전도 현상 범위(출처: 네이버 지도, 2021년 8월 2일)

위 지도를 보면서, 오산역에 상당히 큰 호재가 발표되었다고 가
정해보자. 이 호재를 가장 가까이서 받아들이고 시세로 연결하
는 것은 파란색 원 안에서 오산역에 가장 근접한 역세권 대단지
인 오산역 e편한세상 1차가 될 것이다. 예를 들어 시세 상승폭이
2억 원이라면 이 중 80~90퍼센트의 상승폭인 1억 6,000만~1억
8,000만 원이 오산역 e편한세상 2차 아파트 단지에서 상승할 것이
다. 물론 동과 층에 따라 상승률이 다를 수 있지만, 같은 조건에 같
은 연식이라고 가정하고 평균값을 고려해서 판단한 결과다. 또한
원동 청구아파트나 미소지움아파트 등은 대장아파트 상승률 대비
60~80퍼센트 정도의 상승폭을 보일 것이다. 검은색 원 안에 있는

단지들은 시간차를 두고 역시 대장아파트의 상승폭에서 50~70퍼센트까지 흡수하게 될 것이다. 일반적으로 구축보다 신축 아파트의 호재 흡수력이 더 뛰어나다.

호재가 반영되어 시세가 움직일 때 최초로 시세 상승을 온전히 다 받는 단지는 대장아파트 단지다. 그 시세의 열이 전달되면서 조금씩 상승분이 날아가는 '호재 누수 현상'이 발생한다는 점에 주목해야 한다. 호재의 효과는 단지별로 제각기 흡수할 것이다. 다만 대장아파트 단지에서 흡수한 열의 일부가 비핵심지 상승폭에 온전히 전달되지 못하고 일부는 사라져버린다.

결국 시간이 지나면 상승폭이 대체로 비슷해지는 '갭 메우기' 혹은 '키 맞추기' 현상이 일어난다. 그래도 역시 대장아파트의 상승분을 근처 아파트들이 그대로 따라갈 수는 없다. 이러한 시세 변화는 부동산 열전도의 법칙으로 설명할 수 있다.

일부 전문가들은 이런 현상을 연쇄반응으로만 설명하기도 한다. 연쇄반응은 외부에서 에너지를 얻지 않고 사슬처럼 연속적으로 반응이 일어나는 현상이다. 하지만 시세가 상승하는 과정을 잘 분석해보면 호재를 흡수하는 시점에 그 호재 정보를 전달하고 홍보하는 일이 무엇보다 중요하다는 사실을 알 수 있다. 그 결과로, 열이 전도되어 시세에 반영되는 연쇄 상승 반응이 발생한다는 설명이 더 설득력 있다. 마찬가지로 열전도의 에너지를 받아 호재가 전달되는 과정에서 열의 일부가 손실되어 호재가 옮겨갈수록 시세 상승으로 흡수되는 에너지가 조금씩 줄어든다는 점도 열전도라는 개

넘을 들어 설명할 수 있다.

　매수 세력이 대장아파트만 매수하려고 들거나 대장아파트 매물이 없어질 때까지 매수하는 건 아니다. 여기서 중요한 소액 투자의 매수전략은 호재가 반영된 대장아파트보다 부동산 열전도의 법칙에 따라 가격 상승의 열이 전달될 아파트를 선점하는 것이다. 소액 투자자라면 적은 돈으로도 살 수 있는 저평가된 물건을 찾아서 여러 채 매수하는 것이 효율적이다. 따라서 우리는 호재가 대장아파트에 흡수된 뒤에 어떤 원리로 어느 정도 시간차를 두고 열전도가 일어나는지를 분석하는 작업이 중요하다고 결론 내릴 수 있다.

　소액 투자는 저평가된 아파트의 잠재력을 보고 투자하는 것이 기본이다. 이미 오를 대로 오른 초역세권 아파트나 대장아파트를 비싸게 매수하는 것은 소액 투자의 전략과 맞지 않는다. 소액 투자는 투자의 타이밍이 생명이다. 투자의 타이밍을 잡기 위해서는 호재가 시세로 옮겨가는 그 틈새를 노려야 한다. 대장아파트의 경우에는 이미 타이밍을 잡기 전에 모든 호재를 다 흡수해서 상승해버린 경우가 대부분이다. 그래서 수익에 비해 비용이 너무 많이 들어가 효율성이 떨어진다.

　다음의 다이어그램처럼 개발 호재는 그 기획이나 검토 단계에서 기대감으로 첫 번째 시세 상승을 이룬다. 두 번째 상승은 개발 호재가 확정되어 발표될 때 일어난다. 마지막으로 개발 호재가 실현되면 전세가와 매매가가 동시에 상승한다.

　여기서 중요한 투자 액션 포인트가 있다. 소액 투자라면 리스크

개발 호재와 열전도의 흐름

를 줄이고 전세가율 상승이 보장되는 물건에 투자해야 한다. 전세가가 높아지면 전세 상승분으로 유동자금을 늘릴 수 있다. 전세를 좋은 금액에 놓을 수 있는 물건은 장기적으로 안정된 다주택자 포지션으로 가는 초석이다.

소액 투자자가 개발이 확정되기 전 단계에 들어가면 잠재적인 리스크가 따른다. 수익률을 더 크게 도모할 수는 있지만 개발계획이 취소되면 전세가 잘 안 나가거나 전세가를 많이 올릴 수 없게 된다.

소액 투자자는 개발이 확정되어 발표되는 단계 초기에 들어가는 것이 가장 좋다. 대장아파트보다는 시세 상승의 열기를 받을 수 있는 아파트에 소액으로 투자해서 확실한 상승분을 흡수하도록 하자. 그후에 전세가 상승도 확실히 보장되는 물건을 선택하는 것이 바람직한 전략이다. 물론 향후에 전세 상승분을 많이 확보할 수 있다는 장점은 추가로 재투자의 기회를 창출하는 효과를 얻을 수 있다. 또한 입주 물량의 증가로 전세가가 조정기에 왔을 때 효과적으로 방어할 수 있도록 항상 여유자금을 준비해야 한다.

압구정8학군의 투자노트 ✏️

소액 투자라면 이미 호재를 모두 흡수한 대장아파트를 매수하기보다는 성장세가 전도되고 있는 타이밍에 아직 그 열이 전달되지 않은 비핵심지 아파트를 선점하는 전략이 바람직하다.

A단계. 개발 검토 및 기획
B단계. 개발 호재 확정 및 발표
C단계. 개발 호재 완공 및 시행

소액 투자자는 개발이 확정되어 발표되는 B 단계 초기에 들어가야 한다. 또한 대장아파트 단지보다는 비핵심지에 소액으로 투자해서 상승분을 확보한 후에 전세가 상승도 확실히 보장할 수 있는 물건을 선택하는 것이 바람직하다. 물론 향후에 전세 상승분을 많이 확보할 수 있다는 장점은 추가로 재투자의 기회를 창출하는 효과가 있다. 이 점 말고도 입주 물량의 증가로 전세가가 조정기에 왔을 때 효과적으로 방어할 수 있도록 항상 여유자금을 준비해야 한다는 의미에서도 좋은 투자전략이다.

전략적 장기 보유 포지션

토지의 유한성 때문에 장기간 그 가치가 하락하지 않는 부동산에서 수익을 창출하려면 어떤 투자법을 활용하는 것이 효율적일까?

소액 투자의 포인트는 적은 자금으로 전세 수요가 풍부한 저평가 아파트를 여러 채 매수하는 것이다. 그리고 장기간 보유하며 거기서 발생하는 수익(월세)이나 전세 상승분을 가지고 추가로 투자하며 리스크를 관리하는 것이다.

그렇다면 이번에는 다주택 장기 보유 포지션으로 수익을 창출하는 실질적인 방법과 수익 발생 시점을 파악해보자.

땅이 유한하기 때문에 부동산을 오래 보유하고 있으면 개발 호재들이 점점 포화상태가 되어 열이 스며든다. 이런 맥락에서 보면 장기적으로 언젠가는 호재의 영향권에 들어서 흡수된 열이 쌓이게 된다. 이러한 개발 호재의 포화상태, 열전도 현상, 공급 부족, 임대차3법 같은 정책적 요소 때문에 전세가가 매매가를 떠받치는 현상이 나타나 장기적으로 집값은 우상향을 그린다.

특히 요즘처럼 바이러스 창궐로 유동성이 폭발하고 금리가 낮아져 집값이 상승하는 현상은 장기적으로 봤을 때 지속될 가능성이 크다. 더욱이 30년 이상 된 용적률 좋은 구축들은 잠재적으로 리모델링과 재건축이라는 가능성을 내포하고 있어 장기 보유 전략에 유리하다.

한 물건을 30년 동안 장기 보유했다고 가정해보자. 이 물건은

30년 동안 여러 호재를 품고 다양한 요소로 인해 상승하며 효자 노릇을 톡톡히 할 것이다. 절정은 재건축이나 리모델링을 통해 다시 새것으로 태어나는 순간일 것이다. 이런 재생사업의 수혜를 본 경험이 있는 사람은 부동산을 팔면 손해를 본다는 말에 쉽게 수긍할 것이다. 보유세나 각종 세금을 감내하고서라도 부동산을 팔면 안 되는 이유가 바로 이러한 장기 보유의 혜택들 때문이다. 특히 좋은 입지에 좋은 용적률을 갖춘 아파트라면 재건축 사업을 해도 충분한 수익성이 보장되기 때문에 장기 보유를 추천한다.

물론 피치 못할 사정으로 부동산을 팔아야 할 경우가 생기는 것은 어쩔 수 없는 노릇이다. 하지만 아파트를 여러 채 소유하면 각각의 아파트가 생산하는 수익이나 현금으로 여러 압박을 견딜 수 있다. 장기간 버티고 보유하면 그 인내에 대한 대가를 충분히 받을 수 있다.

다주택자 포지션에서는 각각의 아파트가 현금을 생산하는 생산기지 역할을 한다. 말하자면, 부동산이 많을수록 각각의 생산기지에서 뿜어 나오는 현금이 상호작용하면서 서로 지켜주고 다양한 압박을 방어해줄 수 있다. 이런 방어력은 오래 보유할수록 쌓이고 아파트가 많을수록 더욱 단단해진다.

다주택을 장기 보유해서 수익 파이프라인을 구축하기 위해 기억해야 할 3가지

1. 주택 수가 많아질수록 생산기지(현금 파이프라인)가 많아져서

주택끼리 서로 시너지를 낼 수 있다. 다주택자는 세금을 온몸으로 맞지 않는다. 세금은 임차인에게 전가되는 효과가 있어서, 세금이 오르면 전세가가 상승한다. 다주택자는 더 많은 현금을 얻는 셈이다. 임차인에게 받은 현금은 오히려 세금으로부터 자신을 보호하는 데 더욱 유용하게 쓰인다.

2. 더 많은 부동산을 매수하면 물건 각각의 잠재력을 믿고 기다리는 인내심이 생긴다. 그 시간들을 견딜 수 있는 버팀목이 많아지고 지구력이 증진되는 효과를 얻는 것이다. 내 집은 내가 지켜야 가치를 제대로 평가받는다. 내 집이 30년 후에 어엿하게 성장하면 그 보상(전세가 상승)은 성장 중인 물건들의 젖줄이 된다.

3. 다주택자가 되면 2년(혹은 2+2년)마다 한 번씩 전세를 올려 받는 배당금의 단맛을 느낄 수 있다. 많은 주택을 보유할수록 배당금은 주택 수만큼 배가된다. 이 돈으로 리스크를 관리하고, 나아가 다른 물건까지 매수할 수 있다. 전세 수요가 풍부하고 입지가 좋은 부동산은 늘릴수록 이득이 된다. 이런 방식으로 장기간 보유해서 물건끼리 시너지를 내도록 해보자. 큰 노력을 들이지 않아도 시너지를 일으켜서 알아서 잘 크는 신기한 경험을 하게 될 것이다.

부동산을 장기 보유하기 위해 생각해봐야 할 포인트와 추진해야 할 액션

1. 물건을 많이 늘려서 최대한도로 풍부한 현금 유동성을 확보한다.

2. 세금이 무서워서 팔면 결국 손해를 보기 때문에 매도는 웬만해선 고려하지 않는다.

3. 세금은 임차인에게 귀착되므로 두려워하지 않아도 된다.

4. 비과세 유혹에 빠지지 않는다.

5. 아파트는 장기적으로 우상향을 그린다는 확신을 갖는다.

6. 재건축이나 리모델링을 위해 주민들과 협의체를 구성한다.

7. 부동산을 내 아이처럼 아끼고 사랑한다.

당진, 동탄, 평택에서 살펴보는 호재의 간접 영향권

소액으로 투자할 때 '열전도의 법칙'과 후반부에서 다루게 될 '연쇄 상승 반응'을 기억해야 하는 이유 가운데 하나는 '저평가' 지역을 탐색해야 하기 때문이다. 투자 선택지로 가장 매력 있는 저평가 단지를 찾고 선정하려면 나만의 가이드라인을 설정해야 한다.

이때 호재가 대장단지를 통해 인접 단지로 열전도되는 상황을 살펴봐야 한다. 더 넓은 의미에서 접근하면 개발 호재가 영향을 미치는 지역은 영향을 직접 받는 지역과 간접적으로 받는 지역으로

나눌 수 있다. 여기서 간접 영향권에 있는 지역을 주목해야 한다. 이런 곳은 언젠가는 호재 영향을 직접 받을 가능성이 높다. 그래서 그 지역에 저평가된 아파트 단지가 많다.

호재의 직접 영향권에 있는 지역은 열전도의 법칙에 따라 매매가에 호재가 대거 반영되어 전세가율이 낮다. 간접 영향권에 있는 단지들은 직접 영향권에 있는 지역보다 매매가에 호재가 많이 흡수되지 않아 전세가율이 상대적으로 높다. 투자 단지를 선정할 때 전세가율을 비교하는 것도 중요한 지표가 된다.

예를 들어 당진 수청 1지구와 2지구의 도시 개발사업(당진 센트럴시티 도시 개발사업 및 당진 수청 2지구 초등학교와 중학교 설립 확정 등)이 진행되면 수청지구가 발전하게 될 것이다. 이 지구는 '호재의 직접 영향권'이다. 평택 포승읍에 자동차 클러스터 단지가 조성되고 평택 지제와 안중 역세권에 도시 개발사업이 추진되면서 이 지역 역시 호재의 직접 영향권에 들게 되었다.

이 두 지역의 반경을 표시해보면 '호재의 간접 영향권'이 겹치는 지역을 찾을 수 있다. 바로 다음 지도에 있는 가지시리 및 송악 지역이다. 이들 지역은 저평가되었을 가능성이 높다. 그래서 향후 이들 지역의 시세가 동반 상승할 것으로 예상된다. 이런 개발지역 사이의 길목에서 '열전도의 법칙'과 후반부에서 설명할 부동산 '골든 타임의 법칙'에 따라 수익률을 최대화할 수 있는 매수 타이밍을 잡을 수 있다. 이렇게 호재와 호재 사이의 길목을 연구하고 매수 타이밍을 분석하다 보면 생각보다 좋은 투자 수익을 거둘 수 있을

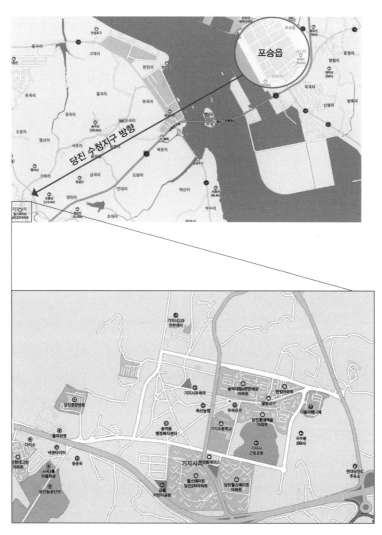

당진 수청지구와 평택 포승읍 안중의 길목에 있는 당진 가지시리(출처: 네이버 지도, 2021년 8월 2일)

것이다.

평택의 신규 개발이라는 호재 가능성을 품고 있는 포승 지역은 다리만 건너면 당진 송악 지역으로 연결된다. 여기서 당진 수청 지역으로 가는 길목에 위치한 가지시리는 호재의 간접 영향권에 드는 지역이다. 이 지역은 당진 종합병원과 공원 그리고 농공단지를 끼고 있으며 수청지구에서 멀지 않다. 그래서 당진 주 도심지의 위성 역할을 하는 지역이다.

수청지구의 개발이 모두 완료되면 당연히 추가 개발은 '호재의 간접 영향권'인 가지시리와 수청지구 사이에서 진행될 가능성이 있다. 또한 요즘 핫한 지역 중 한 곳인 서평택 지역의 인구도 끌어올 가능성이 있는 입지다.

다만 평택으로 가는 길목에 있어서 평택 방향의 도로를 확충하고 확장해야만 더 큰 시너지를 낼 수 있을 것이다. 이런 시너지가 실현되면 평택의 인구를 끌어올 수 있는 여력이 생길 것이라는 추론도 해볼 수 있다. 가지시리를 통해 평택으로 가는 길목에 있는 송악 지역의 인프라나 도로도 추가로 확장하면 송악, 가지시리, 수청지구의 동반 상승이 예상된다.

결국 투자금이 많지 않을 경우에는 이미 오른 수청지구나 서평택 지역의 애매한 물건에 투자하는 행동은 이상적이지 않다. 오히려 가지시리의 대장아파트에 투자하는 전략이 더 큰 수익률을 도모할 수 있다. 대장아파트는 '열전도의 법칙에 따라' 호재가 시세에 반영되는 과정에서 (흡수되지 않는) 누출량이 적다. 그래서 더 많은

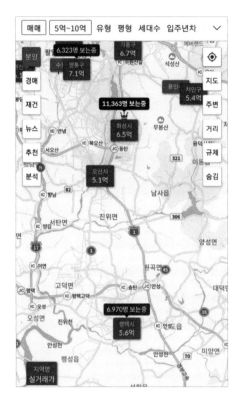

실거래가 5억~10억 원 필터링 수도권 남부(출처: 호갱노노, 2021년 8월 12일 기준)

수익을 얻을 수 있고, 향후 직접적인 호재가 터질 가능성도 있다. 장기 보유형 포지션이라면 이미 발전한 지역의 준대장 아파트보다는 앞으로 미래가 유망한 지역의 대장아파트에 투자하는 것이 수익률 측면에서는 더 매력적이다.

　요즘 삼성전자 반도체 공장들의 직접적인 일자리 호재도 있고 지제역 SRT 등의 교통 편리성까지 겸비한 평택을 살펴보자. 향후

GTX-C의 잠재적 호재까지 예상되는 평택 지역은 그 자체로 막강한 자족 도시의 면모를 갖춰가고 있다.

조건이 비슷한 동탄은 이미 탄탄한 인프라와 교통의 호재 덕분에 상당히 높은 시세를 형성하고 있다.

위 지도에서 5억 원 이상 10억 원 미만의 아파트를 필터링해서 실거래가를 비교해보자. 오산보다 서울에서 더 먼 평택의 시세가 치고 올라오는 것을 알 수 있다. 화성시에서는 이미 5억 원 이상뿐만 아니라 10억 원 이상인 단지도 속출하고 있어, 상대적으로 시세가 낮은 오산이 저평가되었다는 의견이 나오고 있다.

오산의 경우에는 분당선이나 화성 오산 트램, 운암뜰 복합단지 개발 등의 호재가 있다. 하지만 평택이나 동탄처럼 대규모 일자리나 초대형 교통 호재가 아직은 비교적 부족하다. 그래서 향후 GTX 같은 대형 호재가 생기면 바로 동탄과 갭 메우기에 돌입할 가능성이 크다는 의견이 있다. 오산은 '호재의 직접 영향권'으로 이미 시세가 점프하고 있는 동탄과 평택 지제역, 고덕 신도시 등의 사이에 자리 잡고 있다. 두 가지 '호재의 간접 영향권'이 겹치는 지역이라는 뜻이다. 이런 지역은 아직 직접적인 호재가 터지기 전이라 시세 상승폭이 크지 않다. 그래서 추가 상승 여력이 있다.

이렇게 호재와 호재 사이 길목에 있는 지역은 잠재적 상승력이 있고 향후 갭 메우기에 돌입할 가능성이 크다. 따라서 투자금이 부족한 소액 투자자가 장기적으로 봤을 때 더 높은 수익률을 달성할 수 있다.

1. 개발 호재가 영향을 미치는 지역은 '호재의 직접 영향권'과 '호재의 간접 영향권'으로 나눌 수 있다.
2. 호재의 직접 영향권은 이미 호재가 시세에 대거 반영되어 매매가가 높고 전세가율이 낮다.
3. 호재의 간접 영향권은 아직 호재가 시세에 많이 반영되지 않아서 매매가가 상대적으로 낮고 전세가율이 높다.
4. 소액 투자자라면 이런 호재의 간접 영향권의 반경을 살펴보고 영향권이 많이 겹치는 지역을 탐색하는 전략이 중요하다.
5. 호재와 호재 사이에서 간접 영향권이 겹치는 곳의 저평가된 단지를 매수하면 적은 돈으로 꽤 괜찮은 수익을 얻을 수 있다.

4장.
소액 아파트의
투자 수익률 극대화

부동산 세포분열의 법칙: 몸집을 늘려야 성장한다

단기적으로 사고팔 목적으로 특정 지역의 주택 여러 채를 매수해서 마치 주식 단타 치듯이 부동산에 투자하는 다주택자는 투기목적이 강하다고 볼 수 있으며, 해당 지역의 집값 불안정을 초래한다. 이런 맥락에서 단타성 거래를 하는 다주택자에게는 시장 안정과 투기 방지를 위한 세금을 어느 정도 물려야 한다는 데 동의한다.

하지만 장기 보유를 목적으로 다양한 지역의 주택을 매수한 임대사업자 혹은 다주택자는 다르다. 오히려 그들이 전월세 시장 안정화에 기여한다는 점은 정부에서도 인정한 사실이다. 이런 맥락에서 임대사업자 가입을 장려하기도 했다. 다양한 지역에 분산 투자하는 성향을 보이는 장기 보유형 다주택자들은 지역의 균형 발전에도 이바지한다는 점을 고려할 때 투기성 다주택자와는 분리해서 다뤄야 할 사안이라고 생각한다.

장기 보유를 목적으로 분산 투자를 하기 위해서는 다주택자 포지션이 형성되는 과정을 이해하고 어떤 매수전략을 세워야 하는지 분석해야 한다. 더불어 그 가치와 수익성 그리고 리스크 관리를 파악해야 한다. 이러한 의미에서 부동산 세포분열의 법칙은 수익 창출의 다중 파이프라인 건설을 이해하는 데 중요한 역할을 한다. 이 법칙은 일단 직관적으로 물건을 늘리는 방식이 체세포분열과 유사하다는 점에서 출발한다. 여러 개의 개체가 지속적으로 분열하듯이 늘어나는 방식을 설명하기에 적합하다고 판단해서 이렇게 명명했다. 한 개의 체세포가 둘로 나뉘는 '체세포분열'의 원리를 다주택자 포지션에서 수익 현금 파이프라인을 늘려 몸집을 키우는 과정에 적용해보자.

부동산 세포분열의 법칙은 소액 투자자가 소규모 자본으로 다양한 지역의 부동산 여러 채를 매수하는 과정에서 장착해야 할 핵심 법칙이다. 즉, 소액 투자의 포인트인 다주택자 포지션에서 어떤 방식으로 부동산 개수를 늘려가야 장기 보유에 수월한지 알려주는 중요한 법칙이다. 그런데 개수만 무작정 늘려가는 방법은 절대 성공적인 투자방식이 될 수 없다. 저평가된 흙 속의 진주 같은 물건을 잘 골라서 균형 있는 포트폴리오를 디자인해야 한다. 그러려면 다양한 지역을 효율적으로 탐색할 수 있어야 한다.

착한 임대인 효과

임대사업자는 전세가 5퍼센트 상한 제한으로 저렴한 가격에 전세를 여러 지역에 공급해서 세입자의 부담을 줄여주고 있다. 이것이 '착한 임대인 효과'를 보여주는 사례다. 만약 향후에 양도세를 감면해서 다주택자의 잠겨 있는 매물이 풀리면 매매가와 함께 전월세 가격까지 더욱 빨리 안정될 것이다. 이 안정된 가격의 혜택을 가장 많이 보는 이들이 임차인이라는 건 충분히 예측할 수 있는 사실이다.

따라서 장기 보유형 다주택자는 무주택자에게 더 저렴한 가격으로 전월세를 제공하는 주체이자 공생관계에 있는 투자 포지션이며, 시장에 긍정적인 기여를 하는 조력자다.

한편 20억짜리 전세에 살면서 세금을 내지 않는 부자 무주택자는 집을 살 기회와 자금이 있는데도 집을 사지 않았다고 짐작해 볼 수 있다. 나아가 전세가 상승에도 기여했다고 할 수 있다. 1억 원 이하의 소액 투자를 하는 사람들은 오히려 무리해서 세금을 내고 집을 산다.

부자 무주택자는 스스로 전략적 판단을 한 무주택자라고 할 수 있다. 집값이 더 떨어지면 사겠다는 생각에 전략적으로 관망하고 있을 가능성도 배제할 수 없다. 따라서 소액 투자자와는 달리 오히려 집값 조정기에 다시 집값을 상승시킬 수 있는 성향을 가지고 있다고 할 수 있다.

다주택자를 두려워하거나 오해하는 사람이 많다. 하지만 다주택자는 취지나 목적 그리고 장기 보유 여부에 따라 얼마든지 선한 다주택자의 역할을 할 수 있다. 이들은 지역의 균형 발전에 이바지하고 전월세 시장을 안정시키는 지역 개발자이자, 시장 안정화를 도모하는 주체가 될 수 있다는 점에 주목해야 한다.

가령 한 회사의 주요 지분을 소유하고 있는 대주주의 관점에 서 보자. 그 대주주는 주식이 단기에 올랐다고 해서 무조건 팔지 않는다. 대주주는 주식이 오르든 내리든 회사의 발전을 위해 장기 보유하려는 성향이 강하다. 게다가 회사가 잘 발전해나갈 수 있도록 노력하고 홍보하며 기다릴 줄 아는 주인의식을 갖추고 있다.

그래서 주식(아파트 물건을 하나의 주식으로 보는 관점)과 공생하며 주인의식을 갖고 모든 성장 과정을 함께하는 것이 부동산 대주주 마인드라고 할 수 있다. 이렇게 대주주 마인드가 있는 투자자는 나쁜 존재가 아니다.

장기 보유형 다주택자를 장려하면 투자자와 지역 주민이 조화로운 관계를 만들어갈 수 있다. 투자자는 강남에 똘똘한 한 채를 보유하려 애쓰거나 단기 매매에 힘을 쏟지 않아도 된다. 결국에는 낙후된 지역의 저평가된 물건을 소유하고 해당 지역의 발전을 꾀하며 장기 보유하려고 할 것이다. 이런 과정을 통해 자연스럽게 그 물건에 투영된 해당 지역의 문제나 개발 현안 들을 더 직접적으로 경험할 수 있다. 해당 지역에 물건을 소유하게 되면 아무래도 주인의식이 생겨서 지역 주민의 현안을 해결하고 개발 방향성을 설정하는 데 도움이 될 수 있다는 취지다.

내가 주장하는 선한 다주택자는 절대 물건을 단기간에 팔지 않는 '장기 보유형 다주택자'이며, 다양한 지역의 물건을 매수하는 전략을 추구하는 '분산형 다주택자'다. 이들은 선한 다주택론과 장기 보유형 대주주 마인드로 시장에 순기능을 할 수 있을 것이다.

법인을 설립해 아파트를 보유해서 단타를 치거나 상품화해서 시장을 과열시키는 세력에 대해서는 부정적인 견해를 견지하고 있다. 반대로 다주택자가 오래도록 부동산 물건들을 소유한다면 모두에게 긍정적인 결과를 낳을 것이다.

이런 관점으로 현 상황에서 직면한 집값 불안정과 폭등 문제에 접근해보자. 궁극에는 전월세 시장의 안정과 지역 발전을 도모할 수 있을 것이다. 기존에 공급된 주택을 활용해서 매매가도 안정시킬 수 있다. 1석 3조의 효과를 누리게 되는 셈이다.

압구정8학군의 투자노트 🖉

1. 다양한 지역의 저평가된 물건을 소액으로 매수해서 장기간 보유하자.
2. 다주택자의 착한 임대인 효과는 전월세 시장을 안정시킨다.
3. '선한 다주택자'란 절대 물건을 단기간에 팔지 않는 '장기 보유형 다주택자'이며 다양한 지역의 물건을 매수하는 전략을 추구하는 '분산형 다주택자'다.

4. 다주택자론과 장기 보유형 대주주 마인드로 시장에 순기능을 할
   수 있다.

5. 선한 다주택자론으로 전월세 시장의 안정과 지역 발전을 도모할
   수 있다. 기존에 공급된 주택을 활용해서 매매가도 안정시킬 수
   있다. 1석 3조의 효과를 누리게 되는 셈이다.

소액 투자의 시작

이번에 다룰 주제는 본격적인 소액 투자를 위한 실전전략이다. 편의를 위해 나의 초기 투자금이었던 3,000만 원을 시드머니로 가정하고 소액 투자를 시작해보겠다. 전략을 수립해나가면서 중요한 부동산 세포분열의 법칙을 설명하고 몇 가지 시나리오에 대한 솔루션도 제공한다. 아래 전략이나 시나리오는 내가 실제로 경험한 내용을 바탕으로 재구성한 투자의 실례다. 또한 초기 투자금으로 각 과정에서 올린 수익은 실제 경험을 바탕으로 재구성한 실제 수익이다. 마지막으로, 투자 과정에서 허구나 상상을 통해 주관적 판단을 한 내용은 없다.

소액 투자 1단계: 시드머니를 확보한다

소액 투자에서 중요한 건 처음에 최대한 많은 시드머니를 현금으로 확보하는 일이다. 모아둔 자금 말고도 추가로 확보할 수 있는 자금을 모두 끌어 모으는, 이른바 영끌을 해야 한다. 첫 초기 자본

의 규모에 따라 향후에 획득하는 수확의 규모가 달라질 수 있기 때문이다. 내가 처음 투자한 돈의 차이가 1,000만 원이고 수익률이 1,000퍼센트라고 가정하면 향후에 자산이 불어나는 속도는 점점 큰 차이로 벌어질 수 있다. 투자는 무리를 해야 더 큰 수익을 거둘 수 있다는 말이 있다. 투자에는 신중함도 필요하지만 과감성과 행동력도 중요하다는 사실을 잊지 말자.

돈을 확보하는 방법은 나이대에 따라 조금씩 다를 수 있지만, 기본적으로 다음의 5가지 포인트를 참고하면 좋을 것이다.

1. 시간이 많지 않다는 것을 기억하라

시드머니를 모으는 데 중요한 요소는 바로 '골든 타임'이다. 확실한 수익을 보장하는 투자 기회가 있다고 해도 시드머니가 준비되지 않으면 큰 효과를 얻지 못한다. 가령 당장 써야 할 데가 있다고 지출해버리고, 알트코인에 큰 수익을 기대하고 투자해버리면 낭패를 보기 십상이다. 부동산에 소액 투자를 하려면 주변의 유혹에 흔들리지 않고 꾸준히 시드머니를 모아서 최대한 빨리 시작하는 것이 좋다. 지금의 상승장은 '오신내전(오늘의 신고가는 내일의 전세가)'이라는 유행어가 생길 정도로 하루가 다르게 가격이 상승하는 '불장'이다. 더 많은 시드머니를 확보하겠다고 차일피일 시간을 미루는 것은 좋지 않다. 현 상황에서 진행할 수 있는 실질적인 투자방법이 무엇인지 생각해보고, 계획을 세워서 곧바로 투자를 시작해야 한다.

2. 지출을 줄이고 저축을 늘려라

'부의 추월차선'에 올라타는 데 중요한 요소는 바로 쓸데없는 '습관적 지출'을 줄이는 것이다. '없으면 안 되어서' 꼭 사야만 하는 물건 위주로 구매하는 습관이 돈을 모으는 데 결정적인 역할을 한다. 직장인은 대부분 매달 적은 고정 수입이 발생하기 때문에 큰돈을 단기간에 모을 가능성은 크지 않다. 그래서 매달 들어오는 급여를 관리하고 통장을 모니터링해서 매달 지출하는 비용을 파악하고, 일정 비율은 적금이나 재테크에 할애해야 한다.

매달 고정적으로 지출하는 비용과 한 달 생활비를 하나의 통장에서 관리하자. 매달 일정한 금액을 생활비 통장으로 이체하는 것이다. 급여통장에서 생활비로 빠져나가는 돈을 제외하고 남은 돈은 모두 재테크에 활용한다는 각오로 생활해야 단기간에 종자돈을 최대한 늘릴 수 있다.

부자들의 생활습관을 살펴보면 절대 사소한 돈도 낭비하지 않는 경우가 많다. 이런 돈이 모이고 쌓여서 큰돈이 되고, 결국에는 어마어마한 위력을 보여줄 것이다.

3. 큰 돈을 모을 수 있다는 확신을 가져라

돈을 모으기 위해서는 초심을 잃지 않고 지속적으로 돈을 모을 수 있는 마인드셋이 필요하다. 시드머니가 몇 배로 불어날 수 있다는 믿음이 있으면 돈을 모으는 과정에서 쓸데없이 새는 돈을 차단할 수 있다. 쓸데없는 비용을 절제하고 의지를 키우게 되는 것이다. 소액 아파트 투자를 공부하면서 소액 투자로 큰돈을 모을 수 있다는 확신이 들면 시드머니를 모으는 과정에서 지치지 않을 수 있는 확실한 동기부여를 느낄 수 있다. 내가 어떤 마음가짐으로 돈을 모으느냐는 엄청난 성과를 이루는 데 생각보다 중요한 요소가 될 것이다.

4. 레버리지를 활용하라

우리가 흔히 사용하는 용어 중에 '레버리지'와 '리스크 헷징(위험 방지)'이 있다. 둘 다 매우 폭넓게 사용하는 용어다. '레버리지 효과'란 쉽게 풀이하면 '지렛대 효과'를 말한다. 투입요소가 1일 때 산출 결과가 100이라면 레버리지 효과는 '100'이 된다. 이러한 레버리지 효과는 흔히 비용 대비 수익의 효율을 나타낼 때 매우 유용하게 사용하기도 한다. 물론 레버리지 효과는 항상 양(+)의 효과만을 표시하지 않으며, 반대로 음(-)의 효과를 가져오기도 한다. 가령 '1'을 투입했는데 '-100'의 결과가 나오면 레버리지 효과는 '-100'이 된다. 내가 20년 이상 부동산 시장의 추이를 지켜보고 얻은 결론은 부동산 소액 투자야말로 이 레버리지 원리를 가장 효율적으로 활용할 수 있는 투자전략이라는 것이다. 특히 요즘처럼 자산의 인플레이션이 뚜렷한 시기에는 레버리지 효과로 얻을 수 있는 수익이 극대화된다.

이러한 레버리지 효과, 곧 돈을 빌려 투자에 활용하는 과정에서 수익이 발생하는 효과를 가장 극대화할 수 있는 것이 부동산이다.

여기서 최대 수익을 얻고 리스크를 헷징하려면 대출을 최대한 활용해야 한다. 유동성이 폭발하는 시장에서 안전 자산에 속하는 부동산에 최대한 많은 투자를 감행하려면 대출을 일으켜서 투자하는 방식이 적합하다. 금리가 비교적 낮은 상황에서는 특히 대출을 최대한 활용해서 시드머니를 늘리는 방식이 큰 수익으로 가는 지름길이다.

5. 시드머니의 규모에만 집착하지 말라

흔히 시드머니가 적으면 수익을 낼 수 없다고 착각하기도 한다. 투자에는 시드머니의 규모보다 중요한 포인트가 여럿 있다. 내가 투자할 아이템이나 타이밍에 따라 적은 시드머니로도 큰 수익을 낼 수 있는 것이 부동산 소액 투자다. 즉, 하루하루 신고가를 경신하며 오르는 시장의 현 상황을 고려하면 시드머니의 규모에만 집착하기보다는 하루라도 빨리 투자 액션을 감행하는 것이 훨씬 중요하다. 또한 여러 군데 투자지를 심도 있게 연구한 뒤에 좋은 투자지를 선정해야 한다. 부동산을 매수하려면 큰 시드머니가 있어야 한다는 착각은 버리자. 더 큰 시드머니를 위해 고위험군의 투자수단에 투자하다가 모두 잃고 마는 낭패를 보는 경험은 이제 그만하자. 욕심을 부리지 말고 보유한 돈으로 할 수 있는 최선의 투자지에 빨리 투자하는 것이 중요하다.

소액 투자 2단계: 시드머니를 잘게 쪼개서 여러 물건(아파트)에 투자한다

일단 소액 투자는 3,000만 원이라는 시드머니를 최대한 잘게 쪼개서 투자하는 일에서 시작한다. 향후에 투자할 물건의 개체 수를 최대한 늘리는 것이 목적이라면 처음에 그 씨를 최대한 많이 여러 군데 뿌리는 방식이 중요하기 때문이다.

아파트 여러 채에 초기 투자할 때는 시드머니의 규모에 따라 3채 매수 구간까지 최적화된 투자 포트폴리오가 달라질 수 있다.

n번째 물건 갭 / 전세가 초기 시드머니	첫 번째 물건 갭	두 번째 물건 갭	세 번째 물건 갭	네 번째 물건 갭	다섯 번째 물건 갭
~3,000만 원	1,000만 원 (공시가 1억 원 이하)	500만 원 (공시가 1억 원 이하)	500만 원 (공시가 1억 원 이하)	500만 원 (공시가 1억 원 이하)	500만 원 (공시가 1억 원 이하)
3,000만~ 1억 원	1,000만~3,000만 원 (공시가 1억 원 이상)	1,000만 원 + 취득세 2,000만 원 (공시가 1억 원 이상~ 2억 원 이하)	1,000만 원 (공시가 1억 원 이하)	1,000만 원 (공시가 1억 원 이하)	1,000만 원 (공시가 1억 원 이하)
1억~2억 원	5,000만~ 7,000만 원 (공시가 1억 원 이상)	1,000만~ 3,000만 원 + 취득세 2,000만 원 (공시가 1억 원 이상~ 3억 원 미만, 비규제)	1,000만~ 3,000만 원 (공시가 1억 원 이하)	1,000만~ 3,000만 원 (공시가 1억 원 이하)	1,000만~ 3,000만 원 (공시가 1억 원 이하)
2억~3억 원	1억~1.5억 원 (공시가 1억 원 이상)	3,000만~ 5,000만 원 + 취득세 3,000만 원 (공시가 1억 원 이상~3억 원 미만, 비규제 지역)	1,000만~3,000만 원 + 취득세 2,000만 원 (공시가 1억 원 이상~ 2억 원 미만)	1,000만~ 3,000만 원 (공시가 1억 원 이하)	1,000만~ 3,000만 원 (공시가 1억 원 이하)

시드머니별 투자 갭 예시

* 3억 원 이상의 시드머니를 보유한 투자자는 첫 번째 주택 매수에 들어가는 비용을 늘리되 두 번째 물건부터는 2억~3억 원 시드머니 구간과 비슷한 포트폴리오를 짜면 된다. 공시가 1억 원 이하의 물건에 투자하는 이유는 취득세에 들어갈 비용을 주택의 추가 매수에 투자하는 것이 유리하기 때문이다(조정지역에서 2주택을 취득하면 취득세 8퍼센트, 3주택 이상 취득하면 취득세 12퍼센트가 중과된다).

위의 표에 제시한 것처럼 첫 번째 물건부터 1억 원 이하에 투자하기보다는 1억 원 이상에서 갭이 작은 물건에 투자하는 것을 추천한다. 취득세 중과가 없는 구간이고, 갭이 1,000만 원 정도 들어가더라도 잔금일을 최대한 미루면 실질적으로 들어가는 갭 투자비용을 줄일 수 있기 때문이다. 전세를 최대한 높은 가격에 놓는 요령과 그 과정에서 주의해야 할 사항 그리고 단기간에 전세 보증금을 최대한 받아서 수익을 창출하는 방법은 뒤에서 따로 다루겠다.

그래서 1억 원 이상의 더 상태가 좋은 물건을 매수하는 것이 때로는 유리하다. 1억 원 이하의 물건은 외곽 지역이나 지방에 있기도 하고, 소규모 단지 혹은 30년 이상 된 구축인 경우가 많다. 첫 번째 주택을 매수할 때 취득세 중과의 위험이 없는데도 굳이 1억 원 이하를 매수하는 것은 바람직하지 않다. 따라서 취득세 중과의 위험이 없는 주택을 첫 번째 매수할 때는 최대한 상태가 좋고 역세권에서 가까우며 전세가 잘 나가는 물건을 선택하는 것이 요령이다.

첫 번째 주택을 매수한 이후에 중요한 투자 포인트는 취득세 중과에 따른 비용을 최소화해서 주택 수를 최대한 늘리는 것이다. 이를 위해서는 1억 원 이하의 (부동산) 물건을 골라야 하는데, 이때 중요한 포인트를 이어서 소개하겠다.

시드머니별 소액 투자전략

소액 투자 3단계: 시드머니별 첫 번째 주택 매수전략을 짜라

1,000만 원 이하

1,000만 원 이하인 경우에는 중소도시 역세권에 있는 브랜드 대단지 대장주 주변 블록에서 저평가된 구축을 노리는 것이 중요한 투자전략이다. 시드머니가 1,000만 원 이하라면 실제 투자금이 800만 원 이하가 되어야만 세금과 기타 비용을 충당할 수 있다. 하지만 전세가 뚜렷하게 상승하는 기간에는 1,000만 원을 꽉 채워 투자해도 전세 시세가 올라가기 마련이다. 따라서 잔금일에 생각보다 쏠쏠한 여유자금이 생길 가능성도 있으므로 타이밍을 잘 계산해서 투자전략을 세워야 한다.

가격이나 갭비용 혹은 전세가율 등 여러 지표를 살펴보고 지역을 선정하더라도 핵심지나 수도권 유망지에 이런 물건들이 남아 있을 가능성은 높지 않다. 그래서 저평가된 대장아파트 주변의 구축이나 외곽 신축 등을 주의 깊게 살펴보아야 할 것이다. 시드머니가 1,000만 원 이하인 경우에는 일단 비조정 지역에서 좋은 입지를 선점하거나, 지방 핵심지 가운데 가장 입지가 좋고 갭이 적은 물건을 찾는 것도 하나의 방법이다.

1,000만 원~5,000만 원

시드머니를 5,000만 원 정도 확보하고 추가로 여유자금을 더 조달할 수 있으면 '소액 물건 경매'도 나쁘지 않은 선택지다. 물론 경매 물건의 종류에 따라 수익 효용성은 달라질 수 있다. 기본적으로 경매는 입찰 보증금 10퍼센트(물건 매매가의 10퍼센트)를 현금으로 확보하고 있어야 하는데, 시드머니가 5,000만 원 정도라면 도전해 볼 가치가 있다. 하지만 경매는 투자하기 전에 충분히 학습해야 하고 다양한 부동산 정보를 통해 가치를 정확히 분석하고 나서 투자해야 한다. 아파트 투자보다 더 긍정적인 점을 들자면 경매는 '시세보다 낮은 가격이 큰 장점이기 때문에 투자를 하는 순간 이익을 창출할 수 있다'는 것이다. 열전도의 법칙이나 연쇄 상승 반응 법칙에 따라 저평가된 물건을 찾으려고 애쓰지 않아도 이미 시세보다 저평가된 물건이다. 부동산 중개업소에서 일반 매매로 매수하는 것보다 낮은 가격에 부동산을 취득할 수 있다는 뜻이다.

또한 경매에서는 어찌 되었건 가치 있는 물건, 즉 발전 가능성이 있는 '잠재적 우량 물건'을 골라내는 안목이 필요하다. 우량 물건은 임장(부동산 물건지를 직접 방문해서 조사하는 일)해서 건지는 것이므로 충분한 시간을 들여서 시장조사를 해야 하고 발품을 팔아야 한다. 직접 임장해서 실물을 눈으로 확인한 뒤에 내가 제시하는 '소액 아파트 투자를 위한 8가지 법칙'에 따라 물건을 분석해야 한다. 물건을 정확히 판단하기 위해서는 물건을 비교 분석하는 것이 중요하다. 비슷한 특징이나 입지의 물건이 지닌 가치와 시세를 연구하고 현장을 방문해서 다양한 가치를 판단한 다음에 다시 타깃 물건지를 방문하면 더 심도 있게 분석하는 안목이 생길 것이다.

이렇게 정확하게 가치를 분석했다면 그다음에는 철저히 권리를 분석해야 한다. 권리 분석은 경매 투자에서 매수를 신청한 입찰 가액보다 추가로 인수할 권리나 금액이 있는지를 분석하는 일이다. 낙찰을 받고 나서 인수할 권리 등이 없도록 하는 것이 권리 분석의 목적이다. 경매 물건 100개 중 5~6퍼센트에 해당하는 물건에서 권리 하자가 발생한다. 사전에 리스크 관리를 위해 분석하지 않았기 때문에 발생하는 하자다. 경매 투자의 기본은 꼼꼼히 물건을 조사하고 권리를 분석하는 데 있다. 이렇게 기본에 충실해야만 경매에서 실패하지 않고 성공할 수 있다.

시드머니가 5,000만 원이고 향후에 추가로 투자금을 조달할 수 있으면 지방의 분양권도 노려볼 만한 선택지다. 물론 분양가가 낮고 프리미엄이 적을수록 물건의 현재 가치는 매력적이지 않을 수 있지만, 향후 잠재력을 고려해서 좋은 물건을 고를 수 있다면 생각보다 큰 수익을 도모할 수 있다. 분양권의 경우에는 프리미엄과 계약금만 있으면 일단 투자할 수 있기 때문에 소액으로 접근하기에 괜찮은 투자전략이라고 판단된다.

마지막으로 지방 핵심지의 2급지 혹은 중소도시의 외곽 신축 등에 갭 투자하는 것을 추천한다. 일단 내가 원하는 타이밍에 내가 감당할 수 있는 시드머니로 투자할 수 있다는 장점이 있다.

특히 투자금이 5,000만 원이라고 하면 선택지는 제법 늘어난다.

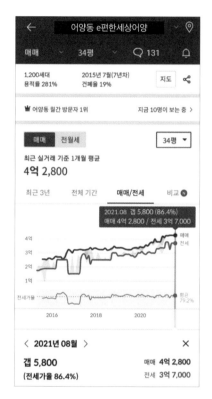

어양동에 위치한 e편한세상어양 시세(출처: 호갱노노, 2021년 8월 5일 기준)

5,000만 원을 투자해서 잔금일에 전세가를 예상보다 높게 설정하면, 단기 수익도 노릴 수 있고 여기서 생기는 여유자금으로 추가 투자도 할 수 있다.

예를 들어 익산의 핵심지 가운데 한 곳인 중앙동, 모현동, 영등동 및 어양동을 살펴보자. 홈플러스, 롯데마트, CGV, 학원가가 모여 있는 중심 라인에 e편한세상어양이나 익산 자이포레나익산부

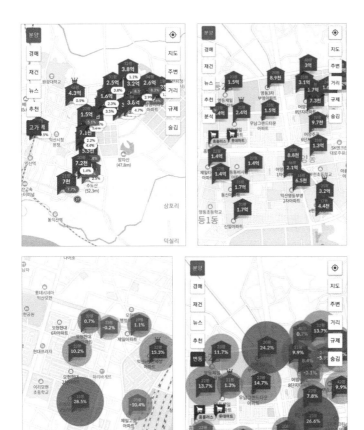

익산 영등동(좌)과 어양동(우)의 실거래가 분석(출처: 호갱노노, 2021년 8월 5일 기준)

송을 중심으로 갭 5,000만 원 혹은 갭 1억 원 이하의 물건이 꽤 있는 것을 확인할 수 있다. 분석을 보면 최근 실거래가가 어양동과 영등동 위주로 큰 상승폭을 보이는 것을 알 수 있다. 이는 이 지역이 저평가된 사실을 시장에서 인식한다는 뜻이다. 이들 대장단지 위주로 갭 5,000만 원 근방의 물건을 찾으면 생각보다 좋은 수익률을 도모할 수 있을 것으로 판단된다.

가령 창원 용지동, 경남 양산시 중부동, 평택시, 오산시, 전주 송천동, 구미 송정동과 봉곡동, 아산 배방지구, 청주 복대동, 군산 조촌동과 수송동, 천안 불당동이나 쌍용동, 포항 장성동 등을 탐색하면 5,000만 원 정도 갭의 핵심지 아파트를 어렵지 않게 찾을 수 있다. 주변의 실거래가 상승률을 분석해서 상승률 상위 지역을 중심으로 매물을 탐색해야 한다는 점도 유념해야 한다.

5,000만 원 구간에서는 상승 여력이 충분한 곳에 투자해야 한다. 이는 저평가된 지역에 투자해야 한다는 의미와 같다. 특히 지방의 경우에는 서울 접근성이 상당히 중요한 요소이기 때문에 KTX, SRT, 경부고속도로나 호남고속도로, 중부내륙고속도로, 서해안고속도로 혹은 해당 지역에서 가장 큰 교통망과 인접한 지역에 투자해야 한다.

5,000만 원~1억 원

시드머니가 1억 원 정도 확보되면 선택지는 엄청나게 많아진다. 수도권 갭 투자나 지방 분양권을 노려볼 수 있다. 또한 지방 핵심지에 갭 투자를 해도 짭짤한 수익률이 보장될 것이다. 수도권 외곽으로 눈을 돌려서 투자금 범위 안에 들어오는 저평가 단지들을 앞서 탐색한 방식으로 분류해보는 것도 중요하다. 되도록이면 입지 좋고 주변에 입주 물량이 없는 곳을 선택하는 것이 포인트다. 갭이 적고 가격대가 낮다고 수도권의 아무 물건이나 고르는 태도는 옳지 않다. 잠재적 호재가 있어 향후 오를 만한 지역 또는 앞서 언급한 '호재의 간접 영향권'을 잘 살펴보자. 큰 호재를 안고 있는 지역 사이사이에 투자하는 전략은 생각보다 좋은 수익을 가져다준다.

호재의 간접 영향권 가운데 앞서 설명한 오산의 경우에는 아직도 5,000만~1억 원의 투자금으로 매수할 수 있는 물건이 많다. 오산 세교 지역, 오산역 근처나 오산대역 준역세권 지역은 동탄과 인접해서 갭이 메워질 가능성이 높다. 아직도 동탄 지역에 1억~3억 원대 전세 세입자가 많다는 점을 감안하면 향후 전세가가 상승할 때 오산 지역으로 전세 수요가 내려올 가능성이 있다. 호재와 호재 사이에 자리 잡은 지역에 투자할 때는 상대적으로 발전 속도가 느릴 수 있으므로 신축이나 준신축 위주로 매수하는 것을 추천한다. 5,000만 원 이상이 있으면 지방 분양권 중에서도 꽤 괜찮은 물건을 선택할 수 있다. 앞서 필자가 분석한 것처럼 실거래가 상승률과 최근 거래 동향을 파악해서 저평가된 지역을 골라내보자. 전세가율을 분석해서 적정 전세가율보다 실제 전세가율이 높은 지역에 들어가는 것이 좋다. 매매가가 상승할 여력이 있기 때문이다.

특히 공시가 3억 원 미만의 비규제 지역(수도권, 광역시, 특별자치

시를 제외한 지역의 공시가 3억 원 이하에는 양도세를 중과하지 않는다. 이를테면 전주, 천안, 청주)은 양도세가 중과되는 지역이 아니다. 하지만 1주택 비과세 혜택을 받으려면 실거주 의무를 지켜야 한다. 종잣돈이 5,000만 원 이상이면 갭이 작은 비규제 지역을 첫 번째 주택으로 매수해보자. 가격이 오르면 매도해서 갈아타기도 노려볼 수 있다. 사실 나는 기본적으로 갈아타기는 추천하지 않는다. 하지만 취득세 중과 대상이 아닌 1주택자의 경우에는 단기간에 많이 오르는 지역이라면 호재를 흡수해서 올랐을 때 좋은 타이밍에 비과세로 파는 것도 나쁘지 않다. 첫 주택을 더 탄탄한 수요가 받쳐주는 규제지역으로 갈아타고 그때부터 소액 투자전술을 채택할 수도 있다.

분양권에 투자할 때 외곽에 있어 인프라나 상권 접근성이 좋지 않은데도 신축 프리미엄만 보고 들어가는 경우가 있다. 이럴 때는 향후에 소위 말하는 신축발이 사라지게 되면 매매가가 정체하면서 전세가도 함께 하락할 리스크가 있으므로 주의해야 한다. 전세가는 정말이지 냉정하게 현재의 실질 가치와 현재 입지의 편리성과 실제 수혜 여부에 따라 칼같이 움직인다. 미래 가치만 바라보고 큰돈을 투자하기보다는 전세를 놓았을 때도 리스크가 없는 지역의 분양권에 투자하는 것이 바람직하다.

또한 투자금 5,000만~1억 원은 지방 중소도시의 핵심지에 있는 대장급 아파트에 투자할 수 있는 시드머니다. 이 정도 투자금이라면 요즘 상승장 트렌드인 신축에 투자하는 것을 추천한다. 핵심지들은 대부분 이미 많이 상승했기 때문에, 향후에 상승 가능성이 높다고 해도 투자금 대비 수익률에서 큰 재미를 보지 못할 가능성도 있다. 따라서 투자지를 선정할 때 일단 저평가된 지역을 중심으로 전세 수요가 탄탄한 곳을 찾는 것이 중요하다.

1억 원 이상

일단 시드머니가 1억 원 이상 있다면 서울 외곽의 구축이나 수도권 준핵심지의 꽤 괜찮은 물건에 갭 투자를 할 수 있다. 물론 경매나 분양권 가운데도 선택지가 굉장히 많다. 특히 요즘 뜨고 있는 지역의 핵심 대장아파트 단지 옆에 있는 준대장 혹은 준신축단지도 매수할 수 있다.

시드머니가 1억 원 이상 있으면 두 가지 투자방식을 고민해봐야 한다. 첫 번째 물건에 투자할 때 상대적으로 취득세에서 이득을 볼 수 있으므로 (취득세가 중과되는 다주택자들과 경쟁했을 때) 더 좋은 물건을 매수하는 전략을 선택하는 방식이 있다. 또 한 가지는 임대차 3법과 공급 부족이 밀어올리는 상승장의 효과를 극대화해서 쪼개기를 하는 투자방식이다. 전국의 아파트 가격이 상향 평준화되는 추세를 고려해서 1억 원을 쪼개 갭이 작은 물건 여러 채에 투자하자. 혹은 1억 원 이하의 물건에 투자하는 것도 고려해볼 수 있다.

1억 원을 쪼개서 투자하는 구체적인 방법은 이 책 후반부에서 다룬다. 일단 시드머니 1억 원으로 살 수 있는 가장 좋은 물건을 선정하는 방법을 살펴보자. 수도권 핵심지에 있는 1급 브랜드 대단지는 이미 갭이 너무 벌어져 있다. 따라서 2급 브랜드 신축단지를 중심으로 브랜드 단지를 검색해서 물건을 찾는 방식을 공유하겠다.

1억 원 이상의 물건을 고를 때 중요한 점은 전세가 오랫동안 꾸준히 잘 나갈 수 있는지를 살피는 것이다. 첫 번째 매수하는 주택은 수익 창출의 중심이자 핵이 되어야 한다. 또한 내가 실거주할 수 있을 만큼 여러 가지 현실적인 편의성이나 학군, 입지, 인프라, 직주 근접이라는 가치를 고려해야 한다. 따라서 1억 원 이상의 핵심 물건을 고를 때는 배우자를 선택하듯이 내가 정말 용납하지 못하는 조건들을 이 물건이 품고 있는지를 먼저 살펴보는 것이 중요하다.

예를 들어 유흥가 근처에 자리 잡고 있다든지 주변에 유해시설이 있고 소음이 지나치다면 배제한다. 아이가 있는 경우에는 학군이 멀리 있다든지와 같은 개인적인 기피사항을 정리해서 하나씩 지워보자. 기피사항에 하나도 해당되지 않는 물건이라면 1급 브랜드 대단지가 아닌 2급 브랜드라도 큰 문제가 되지 않는다. 기피사항을 이용해서 1차로 필터링한 지역을 7~8개 정도 추린 다음 2차 필터링을 위해 탐색을 시작해야 한다.

시드머니가 1억~2억 원 정도고 초등학생 아이를 둔 3인 가정이라고 가정하면 기피사항에 해당하지 않는 3가지 조건은 다음과 같다.

1. 학군이 나쁘지 않을 것.

2. 주변에 유해시설이 없을 것.

3. 직장 소재지인 분당과 너무 멀지 않을 것.

예) 용인 동백, 용인 기흥, 광교, 동탄, 수원, 용인 구성, 평촌,
    경기도 광주 & 이천.

압구정8학군의 투자노트 🖉

아파트 브랜드를 중심으로 물건을 탐색할 때 고려해야 할 사항

1. 주변 시세보다 저평가된 애매한 브랜드 아파트를 공략하라.

2. 자재회사거나 전세가율이 높은 아파트 브랜드를 집중 탐색하라.

3. 저평가된 2급 브랜드 아파트 단지가 좋은 입지에 있으면 추가로
   상승 여력이 있으므로 매수를 검토하라.

4. 10년 이상 된 연식이면 브랜드의 네임밸류보다는 입지가 중요한
   영향을 끼치므로 장기 보유를 목적으로 매수할 때는 입지 좋은 2급
   브랜드를 노려라.

실전 투자 예시

소액 투자 4단계: 물건을 폭발적으로 늘리는 세포분열의 법칙

물건지를 고를 때 중요하게 고려해야 할 점을 꼽으라면 전세 수요가 풍부한지일 것이다. 또한 주변에 일자리가 많은지, 교통 중심지 혹은 학군이 받쳐주는 실수요가 있는지도 살펴봐야 한다.

곧, 전세를 비싸게 놓을 수 있는 곳을 선점하는 것이 중요하다. 전세는 입지의 실제 기능을 따져봐야 가치 기준을 잡을 수 있다. 예를 들어 아무리 호재가 있다고 해도 그 호재의 혜택을 10년 후에나 받을 수 있는 곳이라면 전세 수요자는 그 혜택을 고려하지 않을 수 있다. 그래서 이 지역에서 서울에 접근하려면 어떤 교통수단으로 얼마나 걸리는지를 살펴야 한다.

다음 표에서 충남 지역 물건을 자세히 들여다보면 평균 전세가율 74.5퍼센트보다 현재 전세가율이 높다는 걸 알 수 있다. 이는 상대적으로 매매가가 저평가되어 있으며 현재 갭 차이가 평균보다 더 작다는 뜻이다. 또한 계속된 횡보와 업다운을 반복한 끝에 최근 다시 고개를 드는 추세라는 점도 확인할 수 있다. 이처럼 전세가율이 높은 물건이 매매가 추이가 상승하는 과정에 있다면 주목할 가치가 있다. (더욱이 표에 제시한 물건 근처의 대장단지나 근방에 있는 물건들의 상승이 두드러지는 점을 감안하면 '열전도' 현상에 따라 위 물건지도 상승할 가능성이 높다. 2020년 5월에는 해당 물건의 갭이 1,000만 원 정도였다는 점을 생각해보면 이러한 물건은 공시가 미만의 소액 투자 물건으

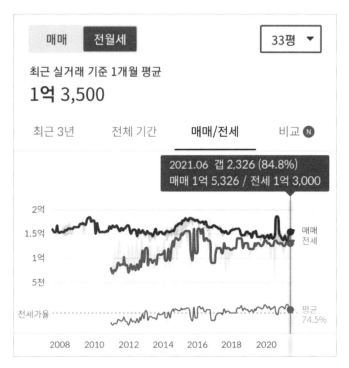

최근 실거래 기준 1개월 평균

1억 3,500

최근 3년 | 전체 기간 | **매매/전세** | 비교

2021.06 갭 2,326 (84.8%)
매매 1억 5,326 / 전세 1억 3,000

복운리 당진신성미소지움 2단지 시세(출처: 호갱노노, 2021년 8월 4일 기준)

로 상당히 매력적이라고 할 수 있다.)

공시가 1억 원 미만의 물건은 대체적으로 연식에 따라 두 가지로 나눌 수 있다. 서울과 가깝거나 입지가 상대적으로 괜찮은 20~30년 이상 된 구축, 그리고 지방 중소도시 외곽에 있는 신축으로 구분해서 설명하겠다. 특히 20~30년 이상 된 구축 가운데 역세권이나 좋은 입지의 물건은 대부분 소진된 경우가 많다. 어찌 되었건 남아 있는 매물 중에서 투자할 물건을 고를 때는 역시 전세 수요가 받쳐주는 교통 요지나 학교, 병원, 상가, 공원 등과 인접한 입지가 중요한 요소가 된다. 또한 1억 원 이하의 물건은 복도식인 경우가 많고 물건에 따라 내부 상태가 천차만별이다. 그래서 임장이 필수적이다. 1억 미만의 물건이라고 해서 무조건 수익이 보장되는 건 전혀 아니라는 점을 꼭 마음속에 새겨야 한다.

1억 원 이하의 물건은 법인이나 현지 투자자에게 매력적으로 다가오는 장점을 지니고 있어야 한다. 또한 서울이나 수도권 아파트처럼 한 번에 1억 원 이상 오를 수 있다는 기대는 버리는 것이 좋다. 지방 현지 투자자들 눈에는 1,000만~2,000만 원이 오른 1억 원 이하의 물건도 고점이라고 생각할 만큼 상승폭에 대한 단위 개념이 서울과는 완전히 다르다. 한 번에 큰 상승을 기대하기보다는 장기간 보유하면서 전세를 무리하지 않고 좋은 가격에 놓으며 큰 개발 호재가 터지기를 기다리는 것이 좋다. 단기간에 사고파는 대상으로 1억 원 이하의 물건을 매수하면 자금 문제가 생기기 쉽다. 게다가 생각보다 가격이 오르지 않아서 투자에 흥미까지 잃을 수도 있으므로 유의해야 한다. 공시가가 1억 원 이하면 그만큼 오르지 않는 이유가 있다는 뜻이다. 그래서 섣불리 물건을 늘리는 방식의 투자보다는 좋은 물건이 있으면 확보한다는 마음가짐으로 접근하는 편이 더 바람직하다.

지방 중소도시에 있는 공시가 1억 원 이하의 신축일 경우에는 입주 물량이 중요하다. 전세를 놓을 때 입주 물량은 필히 고려해야 할 사안이다. 또한 주변에 있는 준신축단지들의 매매가 추이를 살피는 것도 중요하다. 입주 물량이 적다고 해서 무조건 전세가 잘 나가는 것은 아니다. 지역 특징을 파악하기 힘들면 신축의 연식을 벗어난 준신축의 매매가 추이와 해당 지역의 입주 공급 물량을 비교해보자. 비교 분석해서 해당 지역의 전세 수요가 어떻게 변화했는지 조사해야 한다.

실례를 들기 위해 다음과 같이 1억 원 이하의 물건 세 가지의 특징과 매수 시 고려해야 할 사항을 정리해보았다(물론 2021년 2분기를 기준으로 1억 원 이하의 아파트를 선정했으므로 당시 기준이다).

2021년 공급 물량의 부족과 임대차3법 여파로 전국의 전세가가 상승했는데도 전세가가 보합세를 보이는 곳이 있었다. 바로 분당이다. 핵심지임에도 물량 앞에는 장사가 없다는 말을 실감했다. 판교 대장지구의 입주 물량 때문에 전세 매물이 쌓이는 현상은 주목할 만하다.

전세가나 매매가는 수요와 공급이라는 기본 원리에 따라 움직인다. 그래서 입주 물량 같은 공급요소를 분석하는 것이 중요하다. 특히 1억 원 이하의 매물은 전세를 얼마나 높은 가격에 놓느냐가 단기 수익을 창출하는 데 가장 중요한 요소가 된다. 그래서 전세가를 움직이는 여러 가지 요소를 최대한 심도 있게 분석하는 작업도 필요하다.

가령 당진 송악 경남아너스빌처럼 지방 외곽에 있는 단지를 살펴보자. 여기서는 신축 아파트라고 해도 전세 수요가 어떻게 형성되는지를 파악하는 것이 이슈다. 만약 전세를 계획대로 놓지 못하

조건 \ 아파트	당진 송악 경남아너스빌아파트	오산 갈곶동 우림아파트	평택 이충동 원앙부영3단지
입주 연월	2021년 4월	1998년 12월	1996년 5월
강남역까지 차로 가는 거리	서해안고속도로(1시간 24분), 경부고속도로(1시간 27분)	경부고속도로(52분), 용인서울고속도로(58분), 5300번 버스(1시간 23분)	경부고속도로(49분), M5438버스(1시간 30분)
세대	381세대	901세대	600세대
1억 원 이하 평수	24평	17평/22평(일부)	20평
실거래가(6월 기준)	1억 5,000만 원	1억 4,400만 원	1억 4,000만 원
평균 갭(매매가-전세가) 정상 입주 물건	-500만~2,000만 원	2,000만~3,000만 원	2,000만~3,000만 원

공시가 1억 이하 아파트(2021년 6월 기준)

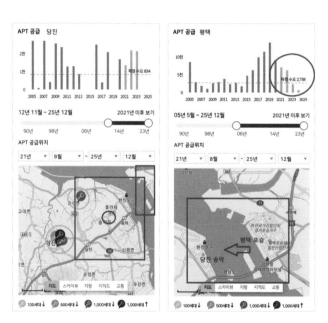

당진 송악의 공급량 분석[출처: 아파트 정보 플랫폼 아실앱(APP), www.asil.kr, 2021년 8월 4일]

면 생각보다 심각한 자금 압박에 직면할 수 있으므로 매수하기 전에 미리 어떤 방식으로 전세를 놓을 것인지 계획을 세워야 한다. 이때 변수를 최소화하는 것이 중요하다. 송악 지역이라면 다음의 지도와 자료에서 살펴볼 수 있듯이 당진에 있는 입주 물량의 영향을 받을 것이다. 이 지역에 향후 입주하는 물량들은 수청지구나 송산면에 있다는 점에 주목하자.

송악 근방의 입주 물량만을 따져봤을 때 입주 물량이 향후 상대적으로 많지 않다는 점은 좋은 시그널이다. 또한 다리만 건너면 평택 포승지구다. 향후 포승의 입주 물량이 부족하고 개발 호재(자동차 클러스터 단지)가 있는 등, 전세 물량을 소진할 수 있는 요소는 충분하다.

한편, 평택의 안중이나 포승을 포함해서 평택은 전반적으로 공급 물량이 많은 편이 아니다. 또한 평택에 들어오는 반도체 단지나 각종 잠재적 교통 호재를 고려하면 서평택과 인접한 당진의 향후 전망도 나쁘지 않다고 보인다. 단기적으로는 대출 규제 등으로 인해 전세 매물이 쌓일 가능성이 있지만 송악 경남아너스빌의 전세 소진 리스크는 그렇게 크지 않을 것으로 판단된다. 1억 원 이하의 신축 물건이라는 희소성을 고려할 때 투자할 가치가 있다고 본다. (물론 이 분석은 1억 원 이하 물건이 가지는 취득세 중과 배제의 메리트를 고려한 것이므로 공시가 1억 원 이상인 물건에는 다른 기준이 적용될 수 있다).

앞의 표에서 제시한 오산 갈곶동 우림아파트의 단점이라면 연식

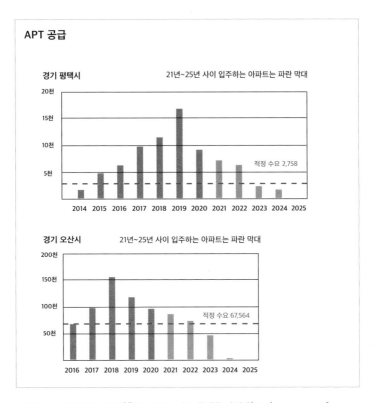

평택시 vs 오산시 입주 물량[출처: 아파트 정보 플랫폼 아실앱(APP), www.asil.kr]

이 오래된 구축이고 복도식 아파트라는 것이다. 교통 편리성에서도 큰 메리트가 없다. 1억 원 이하의 물건 대부분이 동향이라는 것도 단점이다. 하지만 역시 공시가 1억 원 이하의 수도권 아파트 단지(단지 규모도 그렇게 작지 않다)이며, 오산역의 호재가 터졌을 때 그 호재를 흡수할 만한 입지에 있다는 점은 좋은 시그널이다.

여기에 당분간 공급 물량이 많지 않을 것이라는 점은 전세를 놓는 데 메리트로 작용할 것이다. 다만 물건 상태에 따라 수리비용이 들어갈 수 있다는 점을 고려해야 하고, 갭이 생각보다 작지 않다는 점은 매수 시에 고민해봐야 할 포인트다.

마지막으로 평택 이충동 원앙부영3단지를 보면 구축인 점과 서울과의 거리 등은 오산 갈곶 우림아파트와 비슷하다. 원앙3단지를 합치면 규모가 꽤 큰 단지다. 또한 평택의 공급 물량이 적은 점을 고려하면 전세 소진율도 나쁘지 않을 것이다. 여기에 초등학교 및 공원 등과 인접하고, 송탄역과 서정리역의 호재를 흡수할 가능성도 기대되는 지역이다. 전세 매물이 쌓이거나 공급이 많아져서 전세가에 영향을 미칠 가능성은 그렇게 높지 않다. 결론적으로 갭이 작은 물건을 선점한다면 괜찮은 투자가 될 것으로 보인다.

첫 번째 주택은 1억 원 이상의 물건으로 매수했고 두 번째 물건지는 신축과 구축 가운데 개인 취향이나 상황에 맞춰 선택했다고 하자. 이제 추가 물건들을 매수해나가는 방법을 고민해야 할 차례다. 추가로 매수할 때는 부동산 유기체의 법칙을 기반으로 해서 부동산 세포분열의 법칙을 이해하고 있어야 한다.

아파트를 구매할 때 처음에 세포분열을 시작하는 모세포는 첫 매수한 아파트가 된다. 여기서 핵은 갭 투자를 하기 위한 시드머니다. 핵분열은 이 시드머니가 물건 두 채에 투자되면서 분열하여 물건 두 채를 매수하는 것을 의미한다. 시드머니 3,000만 원으로 1,500만 원씩 물건 두 채에 투자했다고 하자. 그러면 3,000만 원이라는 시드머니가 핵이 되며, 핵분열을 해서 1,500만 원씩 물건 두

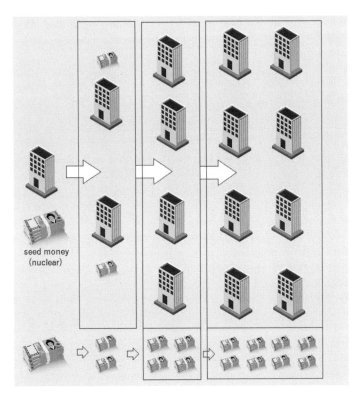

부동산 세포분열의 법칙

채에 투자되는 것이다. 이런 방식으로 물건 개수가 계속 늘어난다.

첫 부동산 투자에서 생긴 현금을 2개로 나눠서 2채에 투자하거나 혹은 한꺼번에 4채에 투자하는 경우를 생각해보자. 계약서를 작성하고 잔금일을 3달 이후로 잡으면 전세가 상승장에서 추가로 현금이 생길 수 있는데, 이 추가 수익이 한 채당 1,000만 원이라고 가정해보자. 그러면 2채일 경우에는 2,000만 원, 4채일 경우에는

4,000만 원, 8채일 경우에는 8,000만 원의 전세 상승분으로 보너스 현금이 생기게 된다.

즉, 물건이 많아질수록 거기서 발생하는 전세 상승분은 n(물건 수)×전세 상승분이 된다. 이는 계약을 하고 나서 잔금일에 발생할 수도 있고, 각 물건당 2년 혹은 4년(2+2년)마다 현금이 물건 개수만큼 곱해져서 생길 수도 있다는 뜻이다. 이렇게 시드머니를 쪼개서 소액으로 더 많은 물건을 보유하게 되면 물건끼리 시너지를 내고 상호반응할 것이다. 이 반응은 현금흐름을 원활하게 해서 장기간 보유할 수 있는 여력을 키워가는 데 엄청난 도움을 준다.

물건을 과감하게 늘리는 소액 투자를 할 때는 앞장에서 설명했다시피 집의 가치를 이해해야 한다. 또한 다주택자에 대한 선입견과 고정관념을 타파하는 것도 중요하다. 마지막으로 부동산 목수의 법칙을 장착해서 내가 직접 내 물건의 가치를 상승시키는 활동에 참여할 수 있다는 자신감을 가질 필요가 있다.

이러한 소액 투자의 중요한 법칙들을 몸에 익히고 100퍼센트 이해하면 과감하게 물건을 늘리는 데 필요한 동기부여와 명분을 얻게 될 것이다. 궁극에는 '세포분열의 법칙'을 통해 현금 유동성이 저절로 확보되는 신기한 경험을 하게 될 것이다.

그와 함께 내가 현금흐름을 스스로 통제하면 '집이 알아서 집을 매수해주는 현상'을 경험할 수 있다. 게다가 장기간 보유하면 해당 지역의 정보나 개발 호재 가능성을 더욱 정확하게 판단하는 통찰력이 생길 것이다. 그러다 보면 투자지를 스스로 선정해서 더욱 높은 수익성을 거둘 수 있게 된다. 이것을 필자는 '부동산 자가 증식'이라고 이름 붙였다. 부동산 물건을 여러 지역에 다량으로 보유하면 투자 정보나 투자의 수익성 측면에서 압도적인 발전을 이루게 된다.

그뿐만 아니라 부동산 시장 전체를 읽는 인사이트도 생긴다. 각종 정책에 대한 시장의 반응을 몸소 체험하다 보면 부동산 투자에 대한 거시적인 안목도 챙길 수 있다. 미시적 관점에서는 지역 발전의 요건이나 핵심 개발사업의 가치 등을 스스로 분석할 수 있는 힘을 얻게 될 것이다. 하나씩 하나씩 물건을 늘려가다 보면 내 자식을 한 명씩 키워가는 듯한 뿌듯함과 경제적 안정감을 느끼게 되는데, 이는 투자 활동에 너무나 소중한 선물이 될 것이다.

여기서 전세 하락기나 조정기에는 어떻게 해야 하냐고 질문하기도 한다. 그럴 때를 대비해서 전세 상승기에 올려 받은 전세 상승분의 일부를 여유자금으로 보유하고 있어야 한다(이 내용은 이 책 후반부에서 정리할 것이다).

또한 임대차3법 때문에 집주인이 더욱 유연하게 전세 조정기의 리스크를 대비할 수 있게 되었다. 예를 들어 전세를 놓고 2년이 지났는데 단기 조정기가 왔다고 하자. 세입자와 상의해서 갱신권을 쓰는 조건으로 향후 전세가가 상승할 때 상승분의 일부만 적용하는 식의 조율과 협상을 할 수 있다. 다양한 가치를 판단해서 동일한 금액으로 전세를 연장하는 방법도 생각해볼 수 있다.

물건이 많아지면 전세 상승기에 전세를 올리거나, 혹은 전세가는 그대로 유지하고 상승분만 월세로 전환하는 방법도 고려해볼 만하다. 만약 다른 지역으로 이사를 가야 하거나 목돈이 필요해지면 물건별로 퇴거가 가능한 세입자에게 양해를 구하고 퇴거 후에 새로운 전세 세입자를 들일 수 있다. 이런 방식으로 전세가 상승분을 현금화할 수 있다. 이처럼 물건이 늘어나서 다주택자 포지션이 되면 내가 원하는 기간에 나에게 필요한 만큼의 자금을 세금 한 푼 안 내고 확보할 수 있다. 유동자금의 유연성이 좋아지는 것이다. 그러다 보면 결국에는 확보한 현금으로 세금을 방어하거나 재투자해서 엄청난 경제적 자유를 누릴 수 있게 된다.

양도세나 보유세 혹은 재산세나 종부세를 걱정하는 것은 당연하다. 1억 원 이하의 물건에 투자하면 종부세나 재산세에 대한 부담은 없다. 향후에 매매가가 상승해서 매매가가 높은 물건을 보유하게 되더라도 전세가가 함께 상승하기 때문에 세금 귀착의 법칙에 따라 효과적으로 세금을 방어할 수 있다.

압구정8학군의 투자노트

첫 부동산 투자에서 생긴 시드머니를 2개로 나눠서 2채에 투자하거나, 한꺼번에 4채에 투자하더라도 계약서를 작성하고 잔금일을 3달 이후로 잡으면 전세가 상승장에서 추가로 현금이 생길 수 있다. 이 추가 수익이 한 채당 1,000만 원이라고 가정하면 2채일 경우에는

2,000만 원, 4채일 경우에는 4,000만 원, 8채일 경우에는 8,000만 원의 전세 상승분으로 보너스 현금이 생기게 된다. 즉, 물건이 늘어날수록 거기서 발생하는 전세 상승분은 n(물건 수) X 전세 상승분이다. 이는 계약을 하고 나서 잔금일에 발생할 수도 있고, 각 물건당 2년 혹은 4년(2+2년)마다 현금이 물건 개수만큼 곱해져서 생길 수 있다는 뜻이다. 이 현금을 쪼개서 소액으로 더 많은 물건을 보유하면 물건끼리 시너지를 내고 상호반응해서 현금흐름을 원활하게 하고 장기간 보유할 수 있는 여력을 키워가는 데 엄청난 도움을 준다.

5장.
소액 아파트 투자전략

수익 무한 루프의 법칙: 현금 파이프라인을 구축하라

수익 무한 루프의 법칙은 부동산 물건을 하나씩 늘려가면 물건들 사이에 상호작용이 일어나서 시스템을 구축한다는 원리다. 물건들이 성장하면서 만드는 이익으로 물건을 추가로 매수해서 점점 더 막강한 수익 창출 모델을 구축해나가는 방식이다. 무한 루프처럼 부동산은 서로 경쟁하듯이 성장해간다. 그렇게 성장을 반복하며 2년 혹은 4년 주기로 유동자금을 창출한다. 궁극에는 매수한 물건들이 서로 강력한 힘으로 떠받치고 유지할 수 있는 힘을 키워주는 과정이 반복된다.

수익형 부동산 시스템은 부동산 운용 중에 발생하는 비용을 다른 물건의 수익으로 해결하는 것이 핵심이다. 또한 리스크를 관리해서 수익성을 유지해나가는 방식으로 통합형 부동산 경영시스템을 구축해야 한다.

　부동산은 서로 상호작용을 한다. 상승장에는 서로 화수분이 되어 시너지를 낼 수 있게 도와주고, 위기의 순간에는 서로 리스크를 관리할 수 있도록 버팀목이 되어준다.

　이러한 부동산의 특징을 극대화해서 구축한 통합형 부동산 경영 시스템은 시간이 지날수록 안정되고 발효된다. 그로 인해 물건 개수가 늘어날수록 리스크가 줄어드는 신기한 경험을 하게 될 것이다. 세금 폭탄이나 전세 조정기 혹은 하락기에조차 안정적으로 리스크를 관리하고 손해를 최소화할 수 있다. 따라서 이 시스템은 성장을 지속할 수 있는 수익 창출 모델의 가장 적합한 전략이다.

부동산은 파는 것이 아니라 모으는 것이다

소액 투자 5단계: 수익 창출 포인트를 통해 추가 현금을 확보하고 재투자하라

　부동산을 장기간 보유해야 하는 이유는 앞서 제시한 여러 가지 투자법칙으로 충분히 설명할 수 있다. 이렇게 팔지 않고 장기간 보유하면 과연 어떤 타이밍에 어떤 수익을 창출할 수 있을지 고민해봐야 한다. 구체적인 수익 포인트를 분석하는 작업이 필요하다는 뜻이다. 시드머니 3,000만 원으로 투자를 시작했다고 가정하자. 3,000만 원으로 공시가 3억 원 정도의 첫 번째 주택을 정상 입주 조건으로 전세가 시세 2억 7,000만 원 시점에서 갭 3,000만 원 정

도에 매수했다고 하자. 매수 날짜는 6월 말이고 잔금일은 최대한 늘려서 9월 말로 계약했다면 9월 말 실제 전세계약은 2억 9,000만 원에 체결되어 결론적으로 1,000만 원이 들어가게 된 셈이다(추가로 투자금 2,000만 원이 확보되었다).

2,000만 원의 추가 현금으로는 공시가 1억 원 이하의 물건을 1억 5,000만 원 매매가로 매수할 수 있다. 이렇게 계약하고 나서 3달 후에 전세가가 오히려 매매가보다 1,000만 원 비싼 1억 6,000만 원에 전세계약을 맺었다. 결국 처음에 보유하고 있던 3,000만 원이 다시 생기게 되었다. 이 3,000만 원의 현금으로 한 달 후에 이번에도 공시가 1억 원 이하의 물건을 매매가 1억 7,000만 원 계약 당시의 전세 시세 1억 3,000만 원(갭 4,000만 원)으로 계약했다. 역시 11월에 잔금일이 다가오자 전세가가 1,000만 원 올라서 결국 3,000만 원의 현금으로 한 채를 더 매수할 수 있었고 투자하는 데 무리가 없었다.

이렇게 3채의 집에 투자했고, 2년 후에 첫 번째 물건에서 올려 받은 전세 상승분(6,000만 원), 두 번째 물건의 전세 신규 계약에서 올려 받은 상승분(5,000만 원) 그리고 마지막으로 세 번째 물건에서 올려 받은 전세 상승분(9,000만 원)으로 2019년 9월에 총 2억 원의 현금이 내 손에 들어오게 되었다.

이 가운데 20~30퍼센트 정도는 혹시 다가올지 모르는 전세 조정기나 세금 납부를 위해 남겨두자(약 4,000만~5,000만 원). 나머지 여유자금(1억 5,000만 원)으로는 또다시 투자에 나설 수 있다. 이런 방식으로 2019년 10월에 공시가 물건을 4채 매수했고, 2021년에 2년의 전세 갱신권을 쓴 세입자가 들어 있는 물건 3채를 제외하고 자진 퇴거한 전세계약 만료 물건 4채에서 다시 2억 5,000만 원의 전세 상승분을 현금화할 수 있었다.

전세가를 계속 상승하게 만드는 임대차3법과 공급 물량이 부족한 시장의 현 상황을 전제로 해서 이와 같은 방식을 채택했다. 2021년에 확보한 현금 2억 5,000만 원 중에서 10퍼센트만 남기고 모두 추가 물건에 투자했다. 이러한 다주택자 포지션은 지금과 같은 임대차3법 아래에서 효율적으로 자금을 관리할 수 있는 전략이다. 리스크 또한 최소화할 수 있다. 기하급수적으로 늘어나는 물건에서 쏟아지는 현금(세금과는 전혀 상관없는 전세 상승분만큼의 금액)에서 나오는 만족감도 상당히 쏠쏠하다. 이미 매매가가 상상 이상으로 오르는 데다가 임대차법 때문에 전세 물량이 딸리고 공급도 부족한 상황에서는 좋은 물건이라면 망설이지 말고 매수해도 된다. 전세 수요가 풍부한 물건은 장기간 보유할 때 물건 개수만큼 수익률을 보장한다.

압구정8학군의 투자노트 ✍

다주택자의 수익 창출 포인트

1. 계약일과 잔금일 사이에 올라간 전세 시세로 잔금일에 투자금을

최소화한다.

2. 잔금일에 올려 받은 돈으로 추가 물건에 투자해서 마찬가지로 계약일과 잔금일 사이의 전세 상승분으로 추가 투자금을 확보한다.

3. 이런 식으로 축적한 전세 상승분을 모아서 재투자하고, 2년 후에 전세계약이 만료되면 다시 올려 받은 전세 상승분으로 재투자를 한다.

4. 추가 물건을 구매하고 2년 혹은 4년 단위로 여유자금을 확보해서 추가 투자하거나 리스크 관리에 활용한다.

소유 주택 수에 따른 투자전략

무주택자: 실거주를 매수할 여력이 있을 때

로또 청약이나 폭락장을 기다리기보다는 지금 당장 실거주할 아파트를 매수하는 것을 추천한다. 내가 실거주할 집이 한 채 있느냐 없느냐는 투자 활동의 기본 포석을 결정하는 요소다. 내가 살 집이 없는데 다음 투자를 진행하는 것은 상당히 어려운 결정과 고민이 뒤따르는 일이다. 먼저 거주라는 기본 욕구가 충족되어야 어떤 투자 활동을 하든 안정적으로 기획하고 추진할 수 있다.

투자 활동에 심리적 안정감과 동기부여가 다른 무엇보다 중요하다. 특히 요즘과 같은 폭등장에는 수익률을 올리기 위한 '골든 타임'이 존재하는데, 그 타이밍을 놓치면 계속 내가 처음에 매수하려했던 저점이 떠올라서 주택을 매수하기 힘들어진다. 내가 원래 사려고 했던 가격보다 훨씬 높은 시세가 형성되어서 손해 본다는 생각이 들기 때문이다. 그래서 원래 사려고 했던 가격이 적정가격이라고 착각하게 된다. 자꾸 타이밍도 놓치고 꼬이기만 하는 느낌을 받는다. 그러니 단순하게 수중에 있는 자금 규모에 맞는 아파트를 바로 매수하자.

어떤 가격도 절대적인 저점이나 고점이라고 할 수 없다. 하지만 하루라도 빨리 사야 더 수익을 창출할 수 있다. 현재 보유한 시드머니의 한도 안에서 최선의 선택을 하는 것이 최고의 투자전략이다. 기다리거나 지체할 시간이 없다. 투자는 곧 타이밍이고, 지금이 투자하기에 가장 좋은 타이밍이다.

가장 비싼 금은 바로 '지금'이라는 말이 있듯이 이전에 사려고 했던 가격은 머릿속에서 지우고 현실을 직시해야 한다. 내 통장의 잔고가 바로 나의 현재 위치고, 내가 어디에 살고 있느냐 혹은 몇 채의 주택을 소유하고 있느냐가 나의 미래를 결정하는 요소가 될 수 있다. '아끼다가 똥 된다'는 말은 요즘에 아무런 투자 활동도 하지 않는 이들에게 꼭 필요한 자극이라고 생각한다. '집주인'이 되면 대주주 마인드가 생겨서 투자 인사이트가 좋아진다. 결국에는 장기 보유가 가능해지고 수익을 얻을 수 있는 확률이 높아진다.

청약으로 좋은 신축 아파트에 들어가고 싶은 마음도 충분히 이해한다. 청약에 당첨될 수 있는 점수라면 청약도 하나의 좋은 옵션이다. 하지만 평범한 투자자 대부분한테는 사실 조금 쉽지 않은 길일 것이다. 차라리 현재와 같은 시장 상황에서는 운에 인생을 맡기는 로또 청약보다 가장 현실적인 조언이 바로 '청무피사, 청약은 무슨 피 주고 사'일 수 있다는 점을 참고해야 한다.

어떤 방식으로든 무주택에서 벗어나는 것이 '부동산의 무한 루프 시스템'을 구축하는 데 필수조건이다. 그 이유를 굳이 하나 들자면 부동산 자산의 가치는 장기적으로 우상향할 것이 거의 확정적이기 때문이다. 한번 창궐한 바이러스가 쉽게 사라지지 않고 우리 몸속에 잠복해 있다가 면역력이 떨어지면 증상이 발현하는 것과 같다. 말하자면 돈의 값어치가 하락하기 시작한 기억은 모든 투자자 머릿속에 깊숙이 박혀서 다시는 되돌아갈 수 없게 되는 것이다. '유동성의 루비콘강'을 건넌 것이나 마찬가지다. 필수품의 가격이 한번 인상되면 다시는 원래 가격으로 돌아가지 못하는 것처럼 한번 오른 필수재의 가격, 곧 집값은 다시 돌아갈 가능성이 정말로 희박하다.

집이나 거주지가 한 사람의 사회적 계급이나 삶의 질 혹은 부의 척도로 자리매김하고 있다. 결국 집이라는 재화는 모든 욕망의 집결체가 될 것이다. 입지 좋은 곳을 소유하고 있느냐 혹은 몇 채를 가지고 있느냐에 대한 무한 경쟁의 장이 펼쳐지는 것이다.

또한 집값의 필연적 상승은 화폐 가치의 하락과 밀접한 연관성이 있다. 수중에 있는 현금의 가치가 떨어지면 자산 가치가 올라간다는 원리를 이해해야 한다. 단언하건대 유동성이 극대화되는 시대에 경계해야 하는 일이 현금을 들고 있는 것이다.

전세를 살면 내 돈이 안전하게 보관된다는 생각에서 벗어나야 한다. 이것이 '자산 인플레이션 폭주 기관차'가 달리고 유동성이 폭발하는 코로나 장기화 국면에서 자본주의 시대를 살아가는 기본이며 부동산 투자의 핵심 포인트다.

지금 집을 사서 장기간 보유해야 하는 이유는 또 있다. 장기적으로 지금이 가장 저점일 가능성이 크기 때문이다. 투자의 최고봉은 최저점 바닥에서 사서 상승장 꼭대기에서 파는 것이다. 하지만 투자 고수도 그런 투자 타이밍을 완벽하게 예측하기는 쉽지 않다. 운이 좋아서 한두 번은 맞출 수 있겠지만 계속해서 타이밍을 맞추는 일은 사실 초고수 투자자도 쉽지 않다. 그렇기에 '무릎에서 사서 어깨에서 팔라'는 유명한 투자 경구도 있는 것이다. 초고수들도 저점과 고점을 예측하기 어려운 판인데, 지극히 평범한 우리가 그것을 예측하고 타이밍을 노려서 집을 매수하려고 드는 것 자체가 상당히 비현실적인 발상이다. 그냥 지금 집을 사면 된다.

무주택자: 실거주를 매수할 여력이 없을 때

자금이 부족하면 실거주할 집을 사서 바로 입주하거나 서울과 수도권에 갭으로 사는 것도 불가능한 상황일 수 있다. 그런 경우에는 **거주와 투자를 분리하는 전략**이 필요하다. 실거주를 원하는 지역에 나 홀로 아파트나 소규모 단지를 매수해서 인테리어를 한 후에 남은 자금으로 1억 원 이하의 물건이나 소액 갭 투자를 하는 방법이 있다. 아니면, 전세나 월세로 최대한 저렴하게 거주(몸테크)하면서 투자를 통해 자산을 증식해나가는 방법도 생각해볼 수 있다. 투 트랙 방식의 투자를 할 경우에 현재 **무주택자에게 좋은 전략은 규제지역의 아파트를 먼저 매수하고, 그후에 비규제 지역의 아파트를 매수하는 방법이라고 생각한다.** 이런 방식은 취등록세를 포함한 각종 세금에 드는 비용을 줄이기 위한 전략적 포지션이다.

무주택자가 1주택자가 될 때는 규제, 비규제 상관없이 1.1퍼센트의 취득세를 낸다(주택 가격에 따라 조금씩 다르지만 여기서는 가장 일반적인 1.1퍼센트로 가정하겠다).

그런데 2주택자부터는 취득세 중과 대상이 된다. 1주택자가 2주택자가 될 때 규제지역을 매수하면 취득세를 8퍼센트 내지만, 비규제 지역을 매수하면 1.1퍼센트만 내면 된다(일시적인 2주택 상황은 아니라고 가정한다). 따라서 첫 번째 주택일 경우에는 규제지역에서 투자금 범위 안에 들어오는 가장 똘똘한 물건을 먼저 매수하는 것이 좋다. 이것이 취득세 중과에서 배제되는 메리트를 최대한 활용하는 방법이다. 앞서 설명한 부동산의 작용과 반작용 원리에 따라 규제지역으로 지정되었다는 것은 그만큼 사려는 사람이 많아서 가격이 오른다는 뜻이기도 하다. 역설적으로 규제지역이 더 많이 오를 확률이 높다. 장기적으로 봤을 때도 규제지역의 물건은 꾸준히 수요가 있는 지역일 확률이 높다. 비규제 지역에 비해 장기적으로 경쟁력이 있을 수 있다는 말이다. 그다음 단계로 투자금이 남거나 투자금을 다시 모았다면 비규제 지역에서 향후 상승 가능성이 높은 지역을 선정하고, 그중에 상대적으로 똘똘한 물건에 투자하는 방식을 추천한다.

1주택자

현재 1주택자라면 여러 고민을 할 수밖에 없다. 특히 1주택자는 수익의 무한 루프 시스템을 돌려서 다주택자의 경제적 자유를 달성하겠다는 목표를 세우는 것이 바람직하다. 이 기간은 성년이 되기 전인 청소년기라고 할 수 있는 중요한 시기다. 이 시기에 장착해야 할 투자 자세를 먼저 짚고 넘어가겠다.

"투자의 기본은 합리적 무모함과 그 무모함을 수습하는 능력이다."

여기서 합리적 무모함과 수습이란 다음과 같은 사고체계다.

1. '추격 매수'라는 단어를 머릿속에 떠올리며 왜 하필 지금 투자해야 하냐고 묻기보다는 왜 이러고 가만히 있냐는 위기의식이 더 두려운 사람이 되어야 한다.
2. 절세나 이자에 대한 스트레스로 망설이기보다는 가난한 기억을 떠올리며 악에 바쳐 일단 지를 수 있는 비장함을 장착하자.
3. 긍정적인 결과를 과도하게 기대하지 말고, 아무것도 하지 않는 것보다는 뭐든지 하는 편이 훨씬 낫다는 생각을 스스로에게 심어주는 자기 암시가 중요하다.
4. 내가 투자한 방향에 어떠한 대가가 따르더라도 치르겠다는 의지와, 세금은 결국 상승분을 따라가지 못한다는 믿음을 갖자.

일단 이 네 가지를 마음속에 항상 품고 투자를 실행하기 바란다. 무모해 보이기까지 할 정도의 자신감과 자기 암시가 중요하다. 다음 세 가지는 1주택자가 생각할 수 있는 투자 선택지다.

---

① 비과세 등의 혜택을 받고 상급지로 갈아타는 전략

(+비규제 지역 3억 원 미만의 양도세 중과 배제 옵션)

② 지금 살고 있는 집을 유지하면서 역전세 포지션으로

집을 매도하고 소액 투자금을 확보하는 전략

③ 지금 살고 있는 집을 팔지 않고 유지하면서 소액 투자 물건을

찾아서 취득세를 충당할 수 있는 범위 안에서 투자하는 전략

지금과 같은 상승장이 아닌 조정장이나 하락장일 경우에 **단기적으로는 상급지로 갈아타는 전략이 좋아 보인다. 만약 상승장이 지속된다고 가정하면 장기적인 관점에서는 두 번째나 세 번째와 같이 투자자의 길로 들어서는 것이 좋다.**

상승세가 주춤하거나 조정장일 때는 **일시적인 2주택으로 갈아타기**를 추천한다. 우선 1주택자가 상급지로 이동하는 경우에는 대부분 일시적인 2주택 비과세로 갈아탈 수 있다. 세금 측면에서 엄청난 혜택이 있을 수 있어서 성공적인 갈아타기도 가능하다. 물론 갈아타는 과정에서는 무조건 좋은 매물을 확인한 뒤에 선 매수 후 매

도 전략을 써야 한다.

만약 A 주택을 3억 원에 매수해서 9억 원에 매도하고 B 주택을 12억 원에 매수해서 갈아타는 상황을 가정해보자. 두 채의 주택이 일시적 2주택 요건만 갖추면 A 주택의 양도세는 0원이다. 현행법 상 9억 원 이하까지는 일시적 2주택 비과세를 온전히 다 받을 수 있기 때문이다. 만약 9억 원을 초과한 가격에 매도하더라도 9억 원 까지는 비과세가 되고 그 이상의 금액에만 과세하기 때문에, 이 경 우에도 일시적 2주택 비과세 방식은 유효한 전략이 될 수 있다.

갈아타려고 하는 신규 주택의 가격이 더 비싸기 때문에 당연히 주택담보대출 또한 더 많이 나올 것이다. 여기에 매도 차익으로 생 긴 금액까지 더하면 이론상으로는 충분히 상급지로 이동할 수 있 다. 물론 상급지의 가격은 더 많이 올라 있을 테고 15억 원 이상은 대출조차 안 나오므로 상황별로 제약이 발생할 수는 있다. 그러나 매매가 조정기가 왔을 때 **상급지와 하급지의 가격이 붙는 타이밍을 잘 분석해서 들어가면 1주택자에게는 나쁘지 않은 전략**이 될 수 있 다.

다시 말하지만 여기에는 거래세나 매수와 매도의 타이밍 오차로 인한 비용(원래 사고 싶었던 물건을 못 사거나 매도자가 매물 가격을 갑자 기 올리는 경우 등등)이 발생할 수 있다. 상승장에서는 더욱이 매물 이 거의 없어서 타이밍 잡기가 극도로 어렵기도 하고 자칫하면 갈 아타려다가 낙동강 오리알 신세가 될 수도 있다. 비과세를 이용한 갈아타기 전략은 초보보다는 고수들이 주로 선택하는 방법이라는 점을 참고해야 한다. 다시 강조하지만 갈아타기는 첫 번째 주택의 더 탄탄한 전세 수요를 확보하기 위한 전략이다. 갈아타기 자체가 목적이 되어 계속 갈아타는 방식은 지금과 같은 상승장에서는 추천하지 않는다. 갈아탄 후에 다주택자 포지션으로 가는 것이 중요하다.

갈아타기는 1회만 추천하고 1주택자에 한해서 채택 가능한 전략이다. 다주택자라면 갈아탈 때 필요한 여유자금의 많은 부분을 취득세에 써버릴 수 있기 때문에 추천하지 않는다. 좀 더 자세히 말하면 취득세 중과를 받지 않는 첫 번째 주택의 경우에는 더 확실한 똘똘한 한 채를 통해 향후 리스크를 관리하고 더 많은 전세 상승분을 확보하기 위해 갈아타는 것이다. 1주택 이후에 추가로 매수하지 못할 정도로 무리하게 투자금을 소비하면서까지 갈아탈 이유는 없다고 생각한다. 다주택자 포지션에서 더 탄탄하게 위기를 관리하고 확실한 유동자금의 원천을 확보하기 위해 비과세 및 갈아타기 전략을 선택하는 것이다. 똘똘한 1주택이 목표가 아니라, 다소 보수적인 투자자를 위한 다주택자 포지션 과정의 일부로 이해하기 바란다. 같은 맥락에서 지방에도 실거주할 수 있는 직업이라면 갭이 작은 공시가 3억 원 미만의 비규제 지역에서 첫 주택을 매수해놓고 오르면 매도해서 갈아타기를 노려볼 수 있다. 나는 갈아타기를 추천하지 않지만, 단기간에 많이 오를 만한 지역이라면 호재를 흡수해서 올랐을 때 좋은 타이밍에 비과세로 매도할 수 있다. 첫 주택을 더 탄탄한 수요가 받쳐주는 규제지역으로 갈아타는 전략은 한 번쯤 고려해볼 만하다.

다만 통상적으로 상승장에서는 대장아파트나 상급지가 더 많이 치고 올라가기 때문에 현재 보유한 주택을 팔더라도 소위 말하는 더 똘똘한 물건을 매수하기는 쉽지 않다는 점을 참고해야 한다.

반면에 조정장이나 하락장에서는 오히려 상승폭이 컸던 대장아파트나 상급지의 입지가 좋지 않은 신축들이 더 많은 조정을 받는다. 그래서 하급지와 격차가 줄어들기도 한다는 점 역시 고려해야 한다.

물론 요즘처럼 전국의 아파트 대부분이 상승하는 장에서는 수도권 핵심지의 신축 아파트 시세가 서울의 웬만한 핵심지 아파트를 넘어서는 현상을 보이고 있다. 따라서 신축 프리미엄이 사라질 때까지 장기간 보유할 생각이라면 가장 비싼 가격일 때 팔고 더 상급지인 서울의 핵심지로 갈아타는 것도 나쁜 전략은 아니라고 생각한다. **항상 현재 보유한 주택과 가고 싶은 주택의 가격을 모니터링하는 투자 습관을 몸에 장착하는 것이 중요하다.**

부동산 유기체의 법칙이나 목수의 법칙에 따르면 부동산은 스스로 가치를 점점 발휘하기 때문에 장기 보유는 투자의 기본 덕목이다. 이 부동산 법칙을 거스르지 않아야만 부동산 투자로 큰 수익을 거둘 수 있다는 점을 간과해서는 안 된다.

1주택자나 무주택자는 본인의 필요에 따라 다양한 선택지를 통해 첫 번째 주택을 설정해보자. 그리고 이제부터는 매도 혹은 갈아타기나 비과세라는 단어를 머릿속에서 지우고 장기 보유 및 추가 매수라는 투자 활동에 매진해야 한다. 특히 장기간 물건을 보유하려면 세금 부담이나 전세 조정장을 미리 철저하게 대비하는 것이 중요하다. 부동산을 하나씩 늘려나가면서 유동자금을 축적해보자. 경제적 자유와 번영을 위해 부동산 소액 투자의 법칙을 발판 삼아 투자 활동을 꾸준히 이어나가다 보면 상당한 동기부여가 생길 것이다.

2주택자~3주택자 구간

이 포지션에서 어떤 결정을 하느냐가 '수익의 무한 루프를 가져다줄 다주택자 포지션'으로 갈 수 있느냐 없느냐를 결정한다. 이 포지션에서 갈아타기 혹은 매도 전략을 선택하면 다시는 다주택자 포지션에 도달할 수 없을지도 모른다는 위기의식을 가져야 한다. 모든 투자 활동에 과감한 판단과 빠른 실행력을 장착해야 한다는 점을 강조하고 싶다.

하지만 2주택자라면 1주택자가 안고 있는 비과세 고민에서 살짝 벗어난 상황일 것이다. 즉, 매도보다는 어떻게 추가 매수를 해야 할지 고민하는 구간이라고 할 수 있다.

① 취득세를 감수하고 조정지역이나 비조정 지역의 3억 원 이하 물건을 매수(비규제 지역일 경우에는 양도세 중과 배제)

② 지금 살고 있는 집을 유지하면서 역전세 포지션으로 집을 한 채

매도하고 소액 투자금을 확보해서 소액 물건을 여러 채 매수

③ 지금 살고 있는 집을 팔지 않고 유지하면서 소액 투자 물건을 찾아서 취득세를 충당할 수 있는 범위 안에서 1억 원 이하의 물건에 투자

공시가 1억 원 이하의 주택이 취득세 중과 면제 주택이 된 이유는 무엇일까? 이 물건들을 투기 대상으로 보기는 어렵기 때문이다. 투자용 물건으로 발전할 가치가 낮아서 대폭 오르기 어려운 물건이기에 투기로 보기 힘들다는 뜻이다. 아마도 서민들이 생활하는 거주용 부동산에 취득세를 중과하는 것은 불합리하다는 취지일 것이다. 여유가 있다면 취득세 부담을 안고서라도 3억 원 언저리의 갭이 작은 물건을 잘만 골라 취득세로 들어가는 비용(2,000만 ~4,000만 원 구간)을 방어할 수 있다. 높은 취득세를 감수하고서라도 더 좋은 물건에 투자하면 오히려 수익률 측면에서 장기적으로는 더 큰 이익이 될 수 있다는 말이다.

어차피 취득세 중과분은 양도차익을 계산할 때 납부한 만큼 제외가 된다. 그런 맥락에서 취득세를 먼저 내는 투자금 개념으로 생각할수도 있다. 하지만 약 12퍼센트나 되는 취득세를 생각하면 매매가가 4억 원 이상일 경우에 비용이 너무 커진다. 매매가 2억~3억 원 초중반의 갭이 작은 물건에 한해서 취득세 중과를 감수하는 전략을 추천한다.

스펙 아파트 단지 명	매매가	갭(매매가-전세가) /전세가율	평균 전세가율	세대수	준공 연도
의정부 신곡동 신성벽산(31평)	3.9억 원	9,000 / 75%	74%	660세대	1993년
거제동 거제롯데캐슬(25평)	3.6억 원	6,000 / 84%	75%	540세대	2001년
안성 공도 만정리 KCC스위첸(32평)	3.6억 원	8,000 / 77%	71%	1101세대	2010년
평택 서정동 평택더샵(33평)	3.7억 원	9,000 / 75%	71%	718세대	2009년
용인 동백 어정 마을 서희삼정(35평)	4.6억 원	9,000 / 80%	76%	390세대	2003년

2주택~3주택 구간 소액 투자자가 투자할 수 있는 5개 단지 예시(2021년 10월 기준)

요즘 같은 상승장에는 잔금일을 뒤로 잡아서 그 사이에 오르는 전세가 상승분으로 취득세 부담을 상당 부분 덜어내기도 한다. 물건만 잘 고른다면 3억 원 언저리의 물건도 투자의 선택지로 나쁘지 않다. 그래서 2주택 이상이 되었을 때도 투자금이 충분하면 취득세 때문에 비조정 지역을 선택하는 것보다 역발상으로 조정지역을 선택하는 전략이 좋은 선택지가 될 수 있다. 갭이 작은 공시가 3억 원 미만의 비규제 지역을 매수해서 실거주 후에 가격이 오르면 매도해보자. 양도세 중과를 받지 않고 좋은 타이밍에 비과세로 팔 수 있을 것이다. 이때 좋은 물건이 있다면 취득세를 감수하고서 더 탄탄한 전세 수요가 받쳐주는 규제지역으로 갈아타는 것도 고려해볼 만하다.

1억 원 미만, 3억 원 이상의 물건 중에 내재적 가치가 있는 물건을 골라서 투자하는 것이 중요하다. 2주택이나 3주택 구간의 소액 투자자는 저평가된 지역의 준신축이나 신축을 살펴보자. 3억 원 언저리를 지불하고 사는 옵션과 앞으로 오를 가능성이 높은 비조정지역의 1억 원 이하 준신축급 이상의 물건 등을 유심히 살펴보라고 조언하고 싶다. 현재 내가 주목하고 있는 물건들을 책 말미에 정리해두었지만 시기에 따라 변할 것이다. 이 책은 직접 물건을 찾을 수 있도록 썼으니 공부하면 좋은 아파트를 찾을 수 있을 것이다.

압구정8학군의 투자노트 ✏️

첫 번째 주택 매수에 한해서 갈아타기 전략의 효용성이 있다는 점이 중요하다. 다주택자가 갈아타게 되면 필요한 여유자금의 상당 부분을 취득세에 써버릴 수 있기 때문에 추천하지 않는다.

하지만 취득세 중과를 받지 않는 첫 번째 주택의 경우에는 더 확실한 똘똘한 한 채를 통해 향후에 리스크를 관리하고 더 많은 전세 상승분을 확보하기 위해 갈아타야 한다. 1주택 이후에 추가로 매수하지 못할 정도로 무리하게 투자금을 소비하면서까지 갈아탈 이유는 없다. 다주택자 포지션에서 더욱 탄탄하게 위기를 관리하고 확실한 유동자금의 원천을 확보하기 위해 비과세 및 갈아타기 전략을 선택하는 것이다. 똘똘한 1주택이 목표가 아니라, 다소 보수적인 투자자를 위한 다주택자 포지션 과정의 일부로 이해하기 바란다.

다주택자

다주택자라면 가장 고민되는 지점 중 하나가 바로 취득세와 보유세 혹은 양도세에 대한 부담일 것이다. 사실 장기 보유형 다주택자 포지션일 경우에는 이미 소유한 물건을 팔아서 수익을 얻으려는 전략은 애초에 아닐 것이다. 따라서 양도세 중과를 걱정하기보다는 추가로 매수하며 확장해나갈지를 고민해야 한다. 기존 물건을 유지하며 최대한 안정적으로 갈지에 대한 고민이 더 클 수 있다.

다주택자 포지션의 길로 가겠다고 이미 결심한 이상, 정말 급전이 필요한 상황이 아니면 집을 팔아서 수익을 얻는 방식은 배제해야 한다. 기존 물건을 잘 관리하면서 전세 상승분으로 유동자금을 마련한다. 자산을 증식해나가는 방식을 선택했으므로 추가로 물건을 매수하는 선택지의 옵션에 집중해서 솔루션을 제공하겠다.

소액 투자자 가운데는 취득세를 부담해야 하는 물건에 투자하기가 현실적으로 힘들 수 있다. 이런 경우에는 토지나 상가 혹은 오피스텔, 빌라, 아파텔 그리고 생숙 등 투자의 옵션을 다각화하는 것도 좋은 방법이라고 생각한다. 요즘과 같은 상승장에는 아파트가 아닌 다른 형태의 부동산도 모두 오르고 있기 때문이다.

하지만 이 책의 목적은 부동산 소액 투자, 그 중에서도 소액 아파트 투자를 위한 솔루션 제공에 있으므로 여기에 집중해서 설명하겠다.

① 취득세를 감수하고서 조정지역이나 비조정 지역의 3억 원 이하

물건을 추가 매수

② 지금 살고 있는 곳을 팔고 역전세를 살면서 그 자금으로 1억 원 이하의 물건을 여러 채 매수

③ 지금 살고 있는 집을 팔지 않고 유지하면서 1억 원 이하의 물건에 소액 투자

④ 공시가 1억~2억 원 사이의 저평가된 물건 선 진입 갭과 취득세 합산 3,000만~4,000만 원 투자

다주택자의 투자 선택지를 설명하기 전에 비과세에 대한 나의 의견을 공유하겠다. 주변에 비과세 혜택을 받으려고 주택을 매도한 이들이 엄청 많다. 그들의 매도 이유를 들어보았더니 양도세를 포함한 각종 세금 압박이 심해서 비과세를 포기하면 후회할 것 같아 매도했다는 의견이 많았다. 또는 갈아타서 상급지로 가고 싶은데 지금이 아니면 타이밍을 놓칠 것 같아서 매도했다는 사람도 있다. 이런 이유로 집을 매도한 이들 대부분이 요즘 이런 말을 한다. "집을 팔아서 엄청 후회하고 있다."

세금을 면제해주는 비과세가 분명 투자자에게 좋은 제도인 건 분명한데, 왜 투자자나 집을 매도한 사람들 대부분이 후회를 하는 걸까? 이유는 간단하다. 집값이 그 이상으로 혹은 상상을 초월할

정도로 올랐고 앞으로도 그럴 가능성이 크기 때문이다. 비과세가 왜 투자자에게 큰 메리트가 되지 못하는지에 대해서는 뒤에서 자세한 예시와 함께 다시 설명하겠다. 다만 요즘과 같은 상황에서는 비과세가 집값 상승분을 이기지 못한다는 사실을 꼭 염두에 두기 바란다. 비과세로 집을 팔아버리면 향후에 오를 모든 집값 상승분에 대한 이익을 버리게 된다는 점을 잊지 말자. 비과세 혜택을 받고 매도한 후에 똑똑한 한 채로 갈아타기를 시도하다가 팔지 않았을 때와 비교해서 자산이 오히려 줄어드는 마법을 경험한 이들이 주변에 셀 수 없이 많다.

다주택자 포지션에서는 물건을 최대한 늘려야 유동성과 리스크 관리에서 탁월한 효과를 도모할 수 있다. 만약 비과세 유혹을 이기지 못하고 물건을 팔면 다주택자가 되기 위한 골든 타임을 잃어버릴 수 있다. 다주택자가 되려면 투자의 파도를 잘 타야 한다. 자꾸만 부동산을 팔면 파도에 머리를 박고 꼬꾸라질 수 있다. 실거주할 집 한 채는 엄청난 자산 인플레이션의 파도에서 자산을 방어하는 최소한의 역할만을 할 뿐이다. 자산을 늘리려면 추가 매수가 불가피하다는 점을 잊지 말자.

파도를 잘 타기 위해서는 첫 주택의 매수 시점이 중요하다. 2년 후에 전세가가 상승하는 시장이 형성되어야 여러 채에서 전세가 상승분을 확보해 추가로 물건을 매수하기가 수월해지기 때문이다. 그런 방식으로 물건을 늘려나가야 다주택자 포지션이라는 유동자금 창출의 현금 파이프라인이 완성된다. 물론 물건을 잘 골라서 칼 타이밍(적절한 타이밍)에 매수하면 비과세 혜택을 받아서 갈아타기에 성공할 수도 있다. 그러나 유동성이 증가하고 임대차3법으로 전세가가 폭등한 데다 공급이 부족해서 당분간 상승장이 지속될 것으로 예상되는 이 타이밍에 굳이 갈아타는 것 자체가 그렇게 이상적인 투자방식은 아닐 수 있다.

상승장에는 핵심지 물건들이 더욱 탄력을 받아서 앞으로 치고 나간다. 상급지를 염두에 두고 갈아타는 투자자한테는 이런 상황이 상당한 부담으로 작용할 것이다. 그렇다면 보유한 아파트를 팔아서 그 자금을 쪼개 소액 아파트 여러 채에 투자하는 건 어떨까? 나의 대답은 '추천하지 않는다'이다. 지금은 집을 파는 시기가 아니다. 무조건 자산 인플레이션 열차에 몸을 실어야 하는 시기다. 더 좋은 물건, 더 핵심지의 물건이 더 큰 상승을 가져다주는 시기인데 굳이 그 물건을 팔아서 다수의 물건을 사는 건 이상적이라고 할 수 없다.

그런 의미에서 앞서 제시한 두 번째 선택지는 이상적인 투자라고 하기에 다소 무리가 있다. 그렇다면 첫 번째 선택지인 3억 원 언저리의 물건을 매수하는 방식은 투자 선택지로서 매력적일까? 나의 대답은 '대체로 그렇다'이다.

3억 원 근방의 물건 가운데는 입지가 좋거나 신축인 물건도 꽤 있다. 이런 물건들은 대박이 아닌 중박 정도의 호재만 만나도 괜찮은 수익을 얻을 수 있다. 요즘처럼 유동성 폭발이 지속되면 5, 6억 원이 되는 데 시간이 그렇게 오래 걸리지 않을 것으로 판단된다. 물론 물건의 잠재력과 해당 지역의 입주 물량 혹은 미분양률은 분석해야 한다. 결국 해당 지역을 심도 있게 분석하고 나서 향후에 가치가 상승하겠다는 확신이 서야만 매수를 결정할 수 있는 것이다. 3억 원 이상의 물건을 매도할 때는 해당 지역과 물건 자체를 동시에 분석해야 한다. 유사 입지나 근접 입지에 있는 다른 물건의 상승률이나 전세가율을 분석하는 일도 중요하다.

다주택자 포지션에서 추가로 매수할 때 고려해야 할 사항 중에는 보유세와 종부세에 대한 부담도 큰 비중을 차지할 것이다. 하지만 소액 물건이 주를 이루는 다주택자의 경우에는 실제로 세금 고지서를 받아보면 그렇게 세금 부담이 크지 않다. 더욱이 세금 귀착의 원리에 따라서 전월세 상승분으로 충분히 방어할 수 있다. 전세 상승분이 있거나 전세를 월세로 전환하면 부동산 개수가 늘어날수록 현금흐름이 더욱 원활해진다. 세금은 상승분을 이기지 못한다는 단순한 원리를 꼭 유념하자.

소액 투자자는 15억 원에서 20억 원 이상의 물건보다는 10억 원 이하 혹은 5억 이하의 물건에 주로 투자하기 때문에 보유세에 대한 부담이 그렇게 크지 않다. 다주택자는 물건별로 마이너스 통장을 갖게 되는 셈이고, 이 마이너스 통장의 한도는 물건의 가치가 올라갈수록 늘어난다. 게다가 그 물건을 담보로 대출을 일으키거나 전세금을 더 올리는 방식 그리고 반전세로 전환해서 월세를 일으키는 방식 등을 선택할 수 있다. 현금흐름을 개선하는 방법을 점점 다각화하는 것이다.

마지막으로 네 번째 선택지를 고민하는 이들도 많다. 무조건 1억 원 이하에만 집착해서 물건을 찾다 보면 그 사이에 공시가 1억 원을 막 벗어난 흙 속의 진주 같은 좋은 물건을 놓칠 수 있다. 1억 원 이하만 찾는 투자자가 많기 때문에 오히려 1억 원 이상 2억 원 미만의 물건 가운데 생각보다 좋은 물건이 많다는 사실은 또 하나의 틈새시장이 있다는 뜻이다. 사실 취득세 중과를 피하려는 것도 투자비용 전체를 절감하기 위해서인데, 취득세를 1.1퍼센트만 낸다고 해도 갭이 5,000만 원을 넘어가버리면 취득세 중과가 면제되는 큰 메리트가 없어져버린다.

오히려 공시가 1억 원이 넘는 물건이라도 갭이 작고 상태가 좋으면 취득세를 감수하고서라도 투자하는 것이 더 나은 선택이라고 생각된다. 공시가 1억 원 이하의 물건을 매수했는데, 그후에 1억 원 초과로 공시되면 매력이 떨어질 수 있다. 하지만 이미 공시가 1억 원 이상인 물건은 대부분 1억 원 이하의 물건보다 입지나 조건이 좋다. 한편 공시가 1억 원이 넘는 갭이 작은 물건이라면 취득세를 12퍼센트 더 낸다고 해도 가령 1억 원대 중후반인 경우에 취득세가 2,000만 원 내외다. 갭이 확실히 작거나 없다면 공시가 1억 원이 넘는 물건이 더 매력적일 수 있다는 얘기다. 대부분 1억 원 이상의 물건이 1억 원 이하의 물건보다 상태나 입지가 좋아서 생각보다 이 구간이 꿀 같은 구간이 될 수 있다. 이 아파트들은 전세를 끼면 1억 원 이하로 투자할 수 있다.

법인 투자자

개인 명의라서 종부세 등이 부담되는 상황이라면 법인 투자를 고려해볼 만하다. 이 역시도 과거에 비해 세금 혜택이 많이 줄어서 매력이 떨어졌지만, 여전히 **1년 단타 등의 방법**으로 많은 투자자들이 법인 투자를 활용하는 추세다. 개인 명의로 1년 미만만 보유했다가 매도하면 양도세가 70퍼센트까지 나오지만, 법인은 30~45퍼센트만 내면 되기 때문에 요즘과 같은 대세 상승장에서는 현금을 단기간 늘리는 수단으로 나쁘지 않다고 생각한다. 또한 6월 이후에 매수하고 다음해 6월 이전에 매도하면 종부세 부담도 없어서 이런 투자가 유행하고 있는 것이 사실이다. 하지만 법인은 흔히 대량으로 투자하고 모든 법인 투자자가 이 시기에 전세를 맞추기 때문에, 일부 지역에서는 전세를 맞추기 어려울 수도 있고 6월 전에 매도하기가 쉽지 않을 수 있다.

소액 투자자는 현금을 단기간에 늘리기 위한 하나의 선택지나 절세를 위한 또 다른 옵션 정도로 생각하고 법인 투자에 접근하는 것이 좋다.

압구정8학군의 투자노트 ✎

1억 원 이하의 물건이 3억 원 이상이 되려면 상당한 시간이 걸리거나 충격적인 호재가 있어야 한다. 하지만 3억 원 이상의 물건이 5억 원이 되는 건 그리 어려운 일이 아니다.

3억 원 근방의 물건 가운데는 입지가 좋거나 신축인 물건이 꽤 있는데, 이런 물건은 대박이 아니더라도 중박 정도의 호재를 만나고 지금처럼 유동성 폭발이 지속되면 5, 6억 원이 되는 데 그렇게 오랜 시간이 걸리지 않을 거라고 생각된다(물건의 잠재력과 해당 지역의 입주 물량 혹은 미분양률도 심도 있게 분석하라).

3억 원 이상의 물건을 매도할 때는 해당 지역과 물건 자체를 동시에 분석해야 하고, 유사 입지나 근접 입지에 있는 다른 물건의 상승률이나 전세가율도 파악하는 것이 포인트다.

매매가 구간별 소액 투자전략

차트에서 물건의 시세 변화를 살펴보자. 3억 원대 구간에서 횡보를 계속하다가 2020년 초중반에 고개를 들어 본격적인 상승을 시작했다. 2020년 중반에 취득세 중과가 시행되고 나서 5억 원 이상인 물건에 붙는 취득세 부담이 과도해졌기 때문에 다주택자들이 3억 원대 구간의 물건에 높은 관심을 보이고 있다고 할 수 있다. 여기에 3억 원대 전세를 사는 무주택자들의 패닉 바잉이 시작되었다는 해석도 가능하다.

임대차3법이 시행되면 전세가가 폭등할 거라는 예상이 팽배해지면서, 세입자들이 매수에 관심을 보이기 시작했다. 이런 시기에 해당 물건이 수도권의 준핵심지에 있었기 때문에 3억 원대 구간

매매가 3억 대 아파트였던 구갈동 구갈강남마을계룡리슈빌 아파트의 상승 구간 분석
(출처: 호갱노노, 2021년 8월 6일 기준)

과 함께 4억 원대 구간에서 5억 원대 구간까지 상당히 빠른 속도
로 상승했다.

　여기서 주목할 사실은 물건의 전세가율이 상당히 높고 매매가
눌려 있던 3억 원대 초반에 진입한 투자자는 단기간에 상당한 수
익을 거두었다는 점이다. 마찬가지로 5억~6억 원대 구간에 들어
가도 비슷한 패턴으로 괜찮은 수익을 거둘 수 있을 것으로 예상
된다. 다만 횡보 기간이 길어질 수 있다는 점은 참고해야 하는데,
이 횡보 기간을 단축하는 상승 부스터가 전세가 상승이다. 요즘처
럼 공급이 부족하고 임대차3법으로 전세가가 상승세에 있을 때는
5억 원대 구간에 들어가도 나쁘지 않은 수익을 얻을 수 있다. 특

히 전세가율이 가장 높은 구간에 들어가야 수익률이 보장된다. 그래서 같은 5억 원대 구간이라도 전세가가 매매가에 근접해서 갭을 메우고 있는지 파악해야 한다. 전세가율이 80퍼센트대 구간에 오면 매수하는 것도 좋은 전략이다.

3억 원을 가이드라인으로 정한 이유는 3억 원 이하 혹은 4억 원 이하의 물건 가운데 저평가된 물건이 많기 때문이다. 전국 상승률이나 유동성 폭발의 지속 가능성을 고려할 때 괜찮은 물건 대부분은 이미 5억 원 이상으로 달아났다. 아파트를 분양할 때 여러 측면에서 수익성을 도모하기 위해서는 입지나 시설 등에 다양한 투자를 실행해야 한다. 이런 모든 조건을 현실적으로 따져봤을 때 향후에 전국 어디서든 국평(31~34평)의 시세가 3억 원 이하로는 형성되기 쉽지 않다는 점을 고려했다. 또한 3억 원 이하의 물건은 지역과 입지에 따라 다르겠지만 대체적으로 유동성의 극대화가 지속되면 가장 빠른 성장세를 보일 것으로 여겨진다. 이러한 기대치는 3억~4억 원대의 국평 물건이 소진되는 속도가 다른 구간의 물건들보다 압도적으로 빠르다는 점에서 충분히 설득력이 있다.

특히 소액 투자일 경우에는 전세가와 매매가의 차이가 가장 적은 물건을 선택해야 한다. 현재 전세가가 폭등해서 매매가를 밀어올리는 현상이 두드러지게 나타나고 있다. 이런 시기에 괜찮은 3억 원짜리 물건을 매수하면 향후에 상승 여력이 있어서 충분히 승산이 있다. 이렇게 상승이 계속된다면 전국적으로 3억~4억 원대 물건은 먼저 잡는 사람이 무조건 이득을 보게 될 것이다.

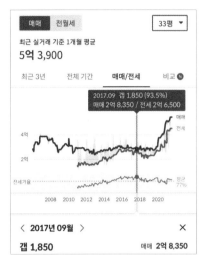

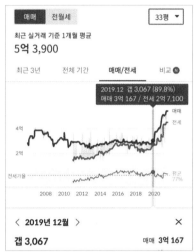

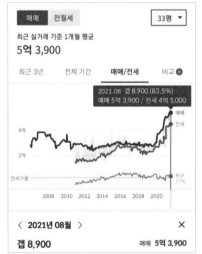

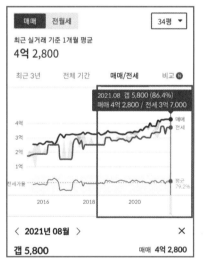

매매가 3억~6억 대 아파트의 전세가율 예시(출처: 호갱노노, 2021년 8월 4일 기준)

왼쪽 표에서 차례대로 3개의 차트 분석표는 구갈강남마을계룡리슈빌이고 파란 박스 안의 차트 분석표는 근방의 e편한세상어양이다. 여기서 보면 물건이 4억 원대 구간을 통과하는 데는 비교적 오랜 시간이 걸린다는 것을 알 수 있다. 3억 원대 구간(두 번째 차트)에서는 높은 전세가율(89.8퍼센트)을 보이고 있다. 역시 2억 원대 후반에서도 높은 전세가율(93.5퍼센트)과 함께 상승세가 조금 주춤하는 현상을 첫 번째 차트 분석표에서 어렵지 않게 발견할 수 있다. 하지만 4억~5억 원대 구간에서는 매매가가 먼저 앞으로 빨리 치고 나가고 있다. 여기서 전세가가 조금씩 따라 올라가는 현상을 확인할 수 있다. 세 번째 차트 분석표에 나타나 있듯이 5억 원대 구간에서는 매매가와 전세가가 거의 같은 비율로 오르고 있다. 이러한 현상은 3억 원과 4억 원을 빠져나가는 근처의 다른 물건을 분석한 차트에서도 살펴볼 수 있다. 4억대 구간에 진입하면서 상승세가 조금 둔화되다가 전세가가 상승해서 밀어올린 덕분에 4억 이후에 상승폭이 다시 커진다는 것을 확인할 수 있다.

정리하면 전세가율이 높은 타이밍과 시드머니의 효용성이 극대화되는 구간은 일정한 법칙에 따라 반복된다는 사실을 알 수 있다. 즉, 2억 원에서 3억 원대 구간은 전세가율이 60~70퍼센트대에서 횡보를 보이거나 정체하는 구간이라고 생각된다. 2억 원대 후반과 3억 원대 초반에 갈수록 전세가율이 점점 상승하는 구간이 온다는 뜻이다. (그리고 3억 원대 중반에서 4억 원까지의 구간에서 전세가율이 80퍼센트에 근접하면 매수 타이밍이 온다. 다시 말해, 전세가율의 횡보가

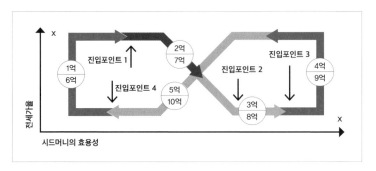

수익 무한 루프의 법칙: 구간별 시드머니의 효용성

끝나는 2억 원대 후반에서 3억 원대 초반에 매수하면 잔금일 기준으로 전세가율이 상승하는 효과를 얻을 수 있다.) 4억 원 중반부터는 매매가가 가파르게 상승하기 시작해서 자산의 증식을 도모할 수 있다. 위 그림의 6억~10억 구간도 비슷하게 적용해볼 수 있다.

하지만 4억 원대 구간에 들어가면 전세가율이 하락하는 구간이기 때문에 잔금을 치를 때 시드머니의 누수가 생길 수 있다는 점을 유념해야 한다. 그래서 진입 포인트 2번과 3번은 시드머니의 효용성이 생각보다 높아서 수익률을 높일 수 있는 구간이라고 하겠다. 또한 1억 원 중후반대 구간도 전세가율이 상승하기 시작하는 구간이므로, 전세가율이 높고 갭이 작은 물건을 어렵지 않게 찾을 수 있을 것이다. 게다가 공시가 1억 원 이하의 물건은 취득세 중과도 피할 수 있다. 진입 포인트 1번 구간에서는 좋은 물건이 있으면 무조건 잡아야 한다. 마지막으로 5억 원대 구간의 진입 포인트 4번은 앞에서도 설명했다시피 매매가가 상승하면서 앞으로 치고 나간 후

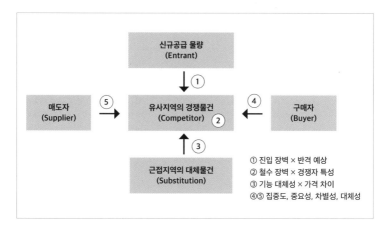

포터의 5가지 경쟁요인(부동산 투자 응용)

에 단기적인 조정과 횡보를 보이는 구간이 될 수 있다. 이 시기에 전세가가 매매가와 갭을 메우기 위해 쫓아오는 현상이 나타날 수 있다. 여기에서 전세가가 빠르게 치고 올라가면 하방 압력으로 매매가가 다시 치고 올라가서 갭이 벌어질 수 있다는 점에 주의해야 한다. 욕심 부리지 말고 70퍼센트 후반~80퍼센트대의 전세가율이 보이면 바로 매수하는 것이 좋다.

　포터의 5가지 경쟁요인은 같은 조건의 비슷한 물건을 분석하는데 유용하다. 특히 전체 시장 분위기가 매도자 우위시장인지 매수자 우위시장인지 파악하는 데 도움을 준다. 이렇게 트렌드에 걸맞은 유사 지역 물건이나 근접 지역 물건의 가격 추이를 트래킹(시세를 주기적으로 기록하는 일)과 모니터링할 필요가 있다. 신규 공급 물량과 미분양 물량 혹은 유사 지역의 데이터를 같이 분석하면 내가 관심 있는 물건의 향후 방향성이나 전세가율을 예측할 수 있다. 더욱이 투자할 때 상승 여력을 분석하기 위해 저평가 여부를 살펴보는 데 중요한 단서를 제공한다. 5가지 경쟁요인을 분석하면서 관심 있는 물건이 저평가되어 있는지 알 수 있는 단서를 모아보자. 이런 방식으로 해당 물건의 향후 상승 시나리오를 짜보면 투자를 결정하는 데 도움이 될 거라고 확신한다.

압구정8학군의 투자노트 ✍

진입 포인트 1번~4번 중에서 내가 보유한 시드머니의 규모에 따라 가장 적합하고 전세가율이 최대인 구간에 진입해 수익을 최대로 늘려라.

1억 원 이하 물건의 투자전략

소액 투자 마지막 단계: 취득세 중과를 피해 공시가 1억 원 이하의 물건을 여러 채 매수해서 수익 무한 루프 만들기

공시가 1억 원 이하의 물건에 투자하는 얘기를 시작하기 전에 공시가 1억 원 이하의 투자가 왜 인기를 끄는지, 그 이유를 정리해보자.

1. 다주택자나 법인 투자자에게 취득세를 중과하는 규제에서 공시가 1억 원 이하는 제외 대상이다.

2. 열전도의 법칙에 따라 긴 상승장에서 아직 저평가된 투자처고, (덜 오른, 혹은 이전 고점으로 회복되지 않은) 순환매 사이클에 따른 타이밍의 투자 대상이기 때문이다

3. 갭이 작은 경우가 많아서 소액 투자에 적합하다. 임대차3법으로 전세 품귀 현상이 빚어지면서 전세가가 폭등했으나 매매가는 미처 따라 오르지 못해서 매매가와 전세의 갭이 작아졌다. 그래서 투자금이 적어 투자 효율성이 좋다는 인식이 강하다. 빠르고 민첩한 소액 투자자에게 유리한 투자처다.

4. 수도권, 광역시, 세종시 이외 지역에 있는 공시가 3억 원 이하의 주택은 양도세 중과에서 배제된다. 이는 주택 수에서도 제외되기 때문에 공시가 1억 원 이하의 주택은 매수하고 매도하는 데 큰 부담이 없다.

투자할 때 정부 규제책에 관심을 가져야 하는 이유는 여러 가지가 있다. 그 가운데 하나는 정부 규제책에서 틈새시장을 노리면 좋은 성과를 얻을 수 있다는 것이다. 대학 입시제도에서 내신보다 수능 비율이 더 높아지면 그 변화에 따라 수혜자가 있는 것과 비슷하다. 누군가는 정책 변화를 미리 감지하고 대비했을 수 있다. 이들은 남들보다 더 좋은 기회를 선점할 수 있는 골든 타임의 중요성을 인지하고 있었던 것이다. 정부 정책을 항상 모니터링해야 하는 이

유는 정책이 바뀌면 전략의 방향성도 바뀌기 때문이다. 결국에는 그에 따른 투자의 골든 타임도 달라지기 마련이다. 정책을 만드는 과정에서 정책 의사 결정자들은 여러 가지 정책의 결과를 시뮬레이션한다. 이때 모든 경우의 수를 예측하기는 힘들다. 그래서 전혀 예상치 못한 틈새가 생기고 그 틈새를 전략적으로 이용하는 사람들이 등장하게 된다.

부동산 규제책에 대한 가이드라인이 나오면 투자하기 힘들어졌다고 좌절하거나 투자를 단념하는 사람들이 있을 수 있다. 하지만 정책이란 것이 동전의 양면과도 같아서 위기는 곧 기회가 되기도 한다. 투자의 골든 타임이 변할 수는 있지만 정책에 적응하면 소액 투자의 효용성은 유지될 수 있다.

앞서 설명했듯이 '부동산의 작용과 반작용 법칙'에 따라 집값은 폭등을 반복한다. 그에 따라 여유자금을 확보한 다주택자들 사이에서는 다양한 투자전략이 전개되고 있고, 새로운 패러다임의 투자전략을 앞세운 투자 고수들이 탄생하기도 했다. 이는 위기를 기회로 바꾸기 위해 투자자들이 연구와 노력을 거듭한 결과다. 새로운 규제책이 나올 때마다 새로운 틈새 투자처가 발생하는 것은 어찌 보면 당연한 일이다.

오피스텔, 빌라 혹은 아파텔 투자, 공시가 1억 원 이하의 아파트 투자 그리고 미분양권 품절 현상은 틈새 투자자들의 수요가 그만큼 많아졌다는 증거다. 초반에 이러한 투자를 감행한 사람들은 뒤따라 들어간 사람들 덕분에 상당한 이득을 보았다. 부동산은 규제의 억압을 받지 않고 오히려 반발하며 다른 방식으로 더 활발해질 수 있다는 사실을 방증하는 결과들이다. 규제지역을 선정하면 결국에는 풍선효과를 일으키게 된다. 부동산을 압박하지 않고 본연의 시장법칙에 따라 움직이도록 놔두면 알아서 제자리를 찾아가고 가격은 안정될 것이다. 정부 규제에 좌절해서 투자를 하지 않으면 위기를 기회로 받아들이는 이들에게 뒤쳐질 수밖에 없다. 아무것도 하지 않으면 요즘과 같은 상승장에서는 오히려 독이 될 수 있다는 점을 유념해야 한다.

소액 투자전략이 지금과 같은 상승장에만 유효할 거라고 생각하는 사람들도 있다. 하지만 소액 투자는 하락기나 조정기에도 유효하다. 소액 투자는 모든 투자의 기본이며, 시장 트렌드와 투자의 효율성을 극대화해서 리스크를 줄이는 투자방식이기 때문이다. 소액 투자전략은 오히려 하락기나 조정기에 더 강하다. 실수요와 실거주 중심에다 전세가가 탄탄한 물건에 투자하는 방침이 핵심이기 때문이다. 아무리 전쟁통이라도 식료품 가격은 떨어지지 않는다. 전쟁통이라고 음식을 안 먹는 건 아니기 때문이다. 마찬가지로 실거주 가치가 중요한 전세가는 쉽게 폭락하지 않는다. 살 곳은 필요하기 때문이다. 하락장에 위험한 투자방식은 오히려 상급지로 올라타는 전략일 것이다. 대장단지일수록 하락기에 더 많은 하락폭을 보이기도 한다. 매매가에는 미래의 잠재력을 반영한 거품이 어느 정도 끼어 있기 때문이다.

한편 발 빠르고 유연한 투자전략을 장착하고 지방이나 비핵심지에 있는 '1억 원 이하의 물건에 투자'하면 물론 그 민첩성이 어느 정도 수익을 가져다줄 것이다. 물론 장기적으로는 남들이 다 인정하는 좋은 입지에 다소 부담을 감수하고서 투자하는 방법도 당연히 선택지에 포함되어야 한다고 생각한다.

규제지역과 비규제지역 그리고 1억 원 이하와 1억 원 이상의 물건을 냉정한 기준에서 평가해야 한다. 무조건 싸다고 좋은 것도 아니고 세금을 적게 낸다고 좋은 것도 아니다. 성장 가능성과 장기적인 관점에서 미래 수익성과 탄탄한 전세 수요를 보고 투자하는 것이 정석이다. 한순간의 세금 혜택이나 작은 갭에만 몰입해서 투자하다 보면 결국 그 규제나 트렌드의 안개가 걷히게 된다. 그 결과, 생각지도 못한 리스크가 발생할 수도 있다. 이는 마치 좋은 입지의 물건을 장기적 수익성이나 미래 가치를 고려하지 않고 한순간의 비과세 혜택 때문에 팔아버리는 행위와 유사한 패턴이다. 말초신경에 의존한 투자방식으로 지양해야 한다. 물건 개수만 늘린다고 좋은 것이 아니다. 양도 중요하지만 질도 중요하다. 전세 수요가 탄탄한 좋은 입지의 물건을 사야 한다.

1억 원 이하의 물건에 투자할 때 중요한 점은 손해 보지 않는 것이다. 큰 이익을 보려고 욕심을 부리기보다는 안전하게 리스크를 관리할 수 있는 곳을 고르는 것이 핵심이다. 예를 들어 30년이 넘은 수도권 외곽 지역의 구축에 재건축이나 리모델링에 대한 기대를 품고 들어가면 큰 오산이다.

리모델링이나 재건축은 생각보다 엄청 까다롭고 여러 가지 사업성이 도모되어야 가능한 일이다. 대표적인 수도권 핵심지인 분당도 평균 소득이 전국에서 톱클래스에 드는 지역인데도 재건축이나 리모델링 과정이 쉽지만은 않아 보인다. 해당 자치단체의 의지, 리모델링 사업에 대한 효용성과 주민들의 참여도에서 난항을 겪어 좌초되는 단지들도 있었다. 수직 증축이냐 수평 증축이냐의 문제에 봉착해서 리모델링이 무기한 연기된 사례도 있다.

재건축의 경우에는 이보다 더 까다롭고 복잡한 문제가 산재해 있다. 분당은 여러 조건이 다른 지역에 비해 월등히 좋은데도 그러하므로, 수도권 외곽 지역에 있는 구축이 재건축이나 리모델링을 하게 될 거라는 기대는 일단 배제하자. 공시가 1억 원 이하의 물건 가운데 저층에 용적률 낮고 재건축 가능한 지방 단지에도 이미 갭이 벌어져 있다. 더욱이 재건축 가능성은 높지 않다고 생각한다.

이처럼 1억 원 이하의 물건이 안고 있는 리스크를 헷징하기 위해 생각해볼 만한 선택지는 앞서 언급한 1억 원 이상의 물건들이다. 공시가 1억 원 이상 2억 원 이하의 물건 중에서 생각보다 좋은 물건이 많은 이유는 다주택자 대부분이 물건을 찾을 때 취득세 중과에서 배제되는 1억 원 이하에만 몰입하기 때문이다. 1억 원 이상 2억 원 이하의 틈새시장을 잘 살펴보면 생각보다 그렇게 부담스럽지 않은 취득세(1억~2억 원 언저리 물건이라면 2,000만 원 전후)에 갭이 작은 물건들이 의외로 많다는 사실을 알 수 있다. 공시가 1억 원에서 이탈해 3,000만~4,000만 원 정도의 총 투자비로 진입할 수 있는 꿀 같은 매물들이 잘 찾아보면 심심치 않게 있다.

1억 원 이하의 물건과 마찬가지로 전세 실수요가 풍부한 수도권 외곽의 조정지역에 매매가 2억 원 근방의 갭 작고 입지 좋은 물건들이 출몰하고 있다. 신축 주변에 있지만 아직 저평가되고 입지 좋은 구축들이 1억 원 이상에서 2억 원 중반대에 포진해 있다. 특히 평택, 안성, 오산 등의 수도권 지역이나 아산, 천안, 당진, 서산, 청주, 충주, 대전에서 매매가 1억~3억 원대 구간의 갭 작은 물건을 잘 찾아보면 생각보다 매력적인 투자 옵션이 될 거라고 확신한다. 사실 조만간 가장 빠르게 소진될 구간의 물건은 바로 4억 원 이하에 20년이 채 안 된 수도권 물건들이라고 생각한다.

만약 실거주지를 갈아타야만 하는 상황이 오더라도 이런 물건들을 잘 골라서 단기간에 매도하면 양도세를 납부할 때 취득세 중과에 대한 감면도 받을 수 있다. 매매가가 3억 원 이상인 구간으로 상승한 후에 편입되는 속도가 빠른 구간이기 때문에 7,000만~8,000만 원 이상의 수익도 거둘 수 있다. 그래서 실거주 갈아타기에 필요한 자금을 단기간에 수월하게 확보할 수 있다.

참고로, 1억 원 이하의 물건에 투자할 때 생각해볼 만한 또 하나의 투자처가 바로 아파텔이나 오피스텔이다. 특히 2룸 이상의 오피스텔이나 아파텔은 아파트에 비해 상승률이 아직 가파르지 않고 취득세 중과(4.6퍼센트)도 그렇게 부담스럽지 않다. 당분간 아파트 공급이 부족한 상태에서 저렴한 비용으로 실거주할 수 있는 옵션으로 꽤 괜찮은 투자처라고 생각한다.

갭이 작은 물건에 주로 투자하는 소액 투자의 집약체라고 할 수 있는 공시가 1억 원 이하의 물건에 투자하는 전략은 골든 타임의 법칙과 가장 큰 연관성이 있다. 얼마나 빨리 선 진입했느냐에 따라 수익률과 리스크가 달라진다. 특히 법인들이 물량을 대거 쓸어간 지역에서는 법인이 투자해서 법인한테 넘기는 경우가 많아서 갭이 커지면 투자 효율성도 떨어지고 매도하기도 힘들기 때문에 주의해야 한다.

우선 공시가 1억 원 이하의 주택에는 크게 세 가지 유형이 있다.

1. 재건축 가능성이 있고 용적률 좋은 지방의 저층 아파트(예로, 주공아파트)
2. 갭이 작고 연식이 애매한(1997~2005년식 정도) 구축
3. 지방 외곽의 신축 아파트(예로, 당진 송악 경남아너스빌, 포항 코아루블루인시티, 칠곡 효성해링턴)

공시가 1억 원 이하의 물건에 투자하는 방식

1. 갭이 최대한 작은 아파트를 사서(주로 갭 1,000만 원 내외) 1,000만~5,000만 원 내외를 붙여서 파는 방식(나는 추천하지 않는 방식이다).
2. 수리가 안 된 허름한 아파트를 사서 전체를 수리하거나, 혹은 돈을 더 주고 수리가 잘 된 아파트를 사서 무피(매매가와 전세가의 갭이 없음)나 플피(플러스 피, 매가보다 전세가가 더 높음)를 목표로 삼아 전세 세입자를 맞추고 장기 보유하는 방식이다.

여기서는 전세 보증금을 최대로 맞추기 위해 세입자를 잘 설득하는 일이 중요하다. 세입자가 퇴거하거나 짐을 뺀 후에 셀프 인테리어를 해서 최소한의 비용을 투자한다. 다른 물건에 비해 좋은 상태를 유지해서 시세보다 높은 가격에 전세 보증금을 확보해 투자금을 최소화하는 전략이다.

3. 1억 원 이하의 물건에 투자할 때 핵심은 얼마나 비싸게 전세를 놓느냐이기 때문에 전세를 잘 놓는 방법을 반드시 연구해야 한다. 장기 보유를 목적으로 전세 수요가 풍부한 곳에 투자하는 방식이다.

이 내용과 관련해 책의 후반부에서 전세 놓는 전략을 소개하겠다. 그래도 이들 방법을 무작정 따라하기보다는 참고만 하고 나만의 노하우를 쌓아가는 것이 중요하다. 심지어는 전세를 놓을 때 전세 세입자의 수입이나 연수입의 안정성 혹은 발전 가능성까지 염두에 두어야 향후에 전세가를 올릴 만한 여지를 파악할 수 있다. 전세 상승분을 확보하기 위해 고려해야 할 요소를 미리 파악해볼 수도 있다. 여하튼 매매가가 싸고 갭이 큰 물건보다는 매매가가 비싸도 전세를 잘 놓아서 갭이 작은 물건이 향후에도 더 인기가 있으므로 이런 방향으로 투자전략을 짜는 것이 중요하다.

투자자들이 찾는 공시가 1억 원 이하의 아파트 유형과 주의사항

1. 20~30년 이상 된 구축 대단지 소형 : 지방도 신축이나 중대

형은 대부분 공시가가 1억 원 이상이다. 그래도 가끔 1억 원 이하의 신축이 나오기도 하는데, 상당히 인기가 좋다.

2. 공시가 7,000만~8,000만 원 이하의 물건은 1년 후에 매도를 생각하더라도, 태생적 장점인 취득세 중과 면제라는 메리트가 있어서 수요가 많을 것이다.

3. 지방의 비교적 핵심지 근방에 있는 대단지 고층 주공아파트, 부영아파트: 이런 지역에는 처음부터 입지가 좋은 곳에 분양되어 초품아, 중품아 아파트 들이 많고 생활 편의시설도 잘 갖추어져 있다. 이런 물건은 높은 금액에 전세를 놓을 수 있어서 인기가 많다.

4. 단일 평형 대단지보다 여러 평형이 섞여 있는 단지가 좋다. 30평대와 그보다 작은 평형들이 섞여 있는 단지가 대부분 전세가가 탄탄하게 유지되는 경향이 있다. 단일 평형인 경우에는 저가의 급매가 상대적으로 많아서 시세를 밀어 올리기가 힘들고 월세를 낀 급매도 곧잘 나와서 시세 상승이 더딘 단점이 있다.

5. 법인은 물건을 같은 법인 매수자에게 대량으로 넘기는 경우가 많기 때문에 자칫하면 시세보다 낮은 가격으로 다량의 물건이 매도되어 가격 상승에 악영향을 끼치기도 한다.

여기에는 큰 문제점이 두 가지 있다.

1. 공시가 1억 원 이하의 물건 중에서 역세권이나 학군지 등 전

세 수요가 풍부할 만큼 입지가 괜찮고 재건축 가능성이 조금이라도 있는 물건은 이미 가격이 많이 오른 상태다.

2. 역으로 생각하면 아직까지 가격이 크게 상승하지 않은 공시가 1억 원 이하에서 재건축 가능한 단지들은 입지가 안 좋을 가능성이 높다. 1억 원 이하의 물건에 집착하기보다는 1억 원 이상 2억 원 이하 중에서 갭이 작은 물건을 탐색하라. 취득세가 중과되면 2,000만 원 이상의 비용이 들지만, 전세 상승기에는 잔금일에 갭을 줄일 수 있다.

여기서 2번이 중요한데, 재건축 가능성이 있는 아파트는 실수요자들이 '매수'할 가능성이 낮다. 무조건 외부 투자자들이 매수해줘야 한다. 그런데 이런 물건이 지금까지 오르지 않았다는 건 투자자한테도 인기가 없는 물건이라는 뜻이 된다. 장기 투자를 목적으로 매수를 하면 최소 2~4년은 보유해야 하는데, 이런 물건은 그뒤에도 가격이 크게 오를 가능성은 그다지 없어 보이는 것이 사실이다. 따라서 단순히 재건축 가능성이 있다는 이유로 이런 물건들을 고려하고 있다면, 재건축은 상승요인에 넣지 말고 투자를 결정해야한다는 점을 분명히 밝히고 싶다.

공시가 1억 원 이하의 아파트에 투자할 때 가장 중요한 이슈는 향후 2~4년간 떨어질 가능성이 얼마나 있는지 분석하는 일일 것이다. 또한 30년 이상 된 물건은 지양하는 것이 좋다. 재건축이나 리모델링이 안 된다면 전세 수요가 줄어들 수 있기 때문이다.

매매가가 상승하더라도 전세가가 조정기에 오거나 하락할 가능성이 있느냐를 매수 결정의 중요한 요소로 생각해야 한다. 장기 보유를 목적으로 1억 원 이하의 물건에 투자를 고려할 경우에는 전세 수요가 어떻게 요동칠 것인가를 미리 예측하고 대비해야 한다. 전세 수요가 확실한 물건이라면 장기 보유를 목적으로 일단 매수를 고민해도 좋다.

더욱이 전세 수요가 꾸준한 아파트는 해당 지역에 상승장이 왔을 때 매수로 전환할 수요가 많다는 뜻도 된다. 1억 원 이하의 물건을 보고 재건축이나 리모델링을 기대하거나 아직 일어나지도 않은 호재를 꿈꾸는 헛된 바람은 버리는 것이 좋다. 오히려 현재의 가치 그리고 2~4년 후의 가치를 정확하고 냉철하게 판단해야 한다. 따라서 1억 원 이하의 물건에 투자를 결정할 때 다음과 같은 조건을 고려해야 한다.

1. 앞으로 최소 2~4년간 가격이 떨어지지 않을 지역에서 실수요자들이 선택할 만한 괜찮은 입지에 전세 수요가 풍부한 구축
2. 투자금이 적게 들어가고 (전세가율이 높고) 재건축이 가능한 단지에 비해 상대적으로 덜 오른 아파트
3. 호재가 확실한 지역이나 근접지에 위치한 신축(호재의 간접 영향권)
4. 법인들이 조직적으로 매수하지 않은 단지

한편 법인 투자자들의 물건은 지방 실거주자들에게 매도하기 쉽지 않다. 전세를 끼고 있는 집보다 실입주 물건을 원하는 경우가 많기 때문이다. 법인은 제각기 상태가 다른 물건을 일일이 세입자에게 맞추기가 힘들다. 또한 전세 리스크도 많아서 전세를 낀 상태로 매수해서 전세를 낀 상태로 매도하는 방식을 선호한다. 물론 공실로 놔두고 일정 정도 집값이 상승하면 실거주자에게 매도하기도 하지만, 그렇게 되면 투자비가 많이 든다. 즉, 투자 효율성이 떨어져서 법인 투자자 대부분은 갭이 작은 물건 위주의 갭 투자를 원칙으로 한다.

또한 법인 투자자들이 전세를 끼고 하는 갭 투자를 좋아하는 이유가 있다. 임대인이 법인 투자자면 세입자가 전세 대출을 받는 데 제한이 있고, 전세 대출 금리도 높아서 새로 전세를 놓는 데 리스크가 생길 수 있다. 그런 이유로 임대인이 법인이면 전세 들기를 꺼리는 세입자가 많아서, 법인은 이미 맞춰진 전세를 인계하는 물건을 더 선호하기도 한다.

결국 한 채당 투자 수익이 크지 않아서 투자 효율성을 따져서 투자비가 적게 드는 갭 투자를 선호하는 것이다. 특히 법인 투자자는 단기 투자에 집중할 수밖에 없는데, 한 채당 제법 부담스러운 단일 세율의 종부세를 내기 때문이다. 종부세 산정 기준인 6월 1일을 피해서 매수했다가 다음해 6월 1일 이전에 매도하는 전략을 실행하는 경우가 많은 것도 같은 맥락에서다. 그래서 전세 임대 기간이 만료될 때까지 기다렸다가 실거주자에게 매도하기 힘든 것이다.

법인 투자자가 개인 투자자에게 매도하기 힘든 이유는 법인은 오늘 등기 치고 내일 매도해도 양도세가 일정하고 개인 투자에 비해 양도세 비율이 낮기 때문이다. 쉽게 말해 '투자의 골든 타임' 자체가 다르다. 개인 투자의 경우에는 지방에 있는 3억 원 이하의 물건을 일반과세로 매도하려고 해도 2년이 지나야 한다. 2년 뒤에는 투자환경이 또 어떻게 바뀔지 아무도 모르기 때문에 투자를 결정하는 데 고민이 많아질 수밖에 없다.

종합해보면 소액의 개인 투자자는 법인이 많이 들어가 있다고 소문난 지역, 즉 작전지역은 피하는 것이 좋다. 법인과 개인은 투자의 니즈 자체가 다르기 때문에 이익을 함께하기 힘들다. 투자의 목적과 상황 그리고 조건 들이 달라서 서로 공통분모를 찾기가 애매한 것이다. 이러한 소위 법인들의 작전지역을 파악하기 위해서는 투자지의 부동산 전문가나 부동산 중개업소와 대화를 나누거나 실거래가 물건을 분석하는 일이 중요하다. 법인 투자자의 물건으로 의심되는 매물이 많은 곳은 피해서 투자하는 것이 더 높은 상승률을 보장할 수 있는 전략이다.

소액 투자자가 지방에 있는 1억 원 이하의 물건을 매수하기 전에 파악해야 할 포인트 중에서 법인 투자자의 특징을 요점만 짚어보았다. 소액의 개인 투자자가 고민해야 하는 또 한 가지 포인트는 바로 지방에 실거주를 목적으로 투자하고 싶어하는 투자자들이다. 앞서 법인 투자자를 분석한 것과 마찬가지로 현지의 실거주 수요를 파악해야 하는 이유는 향후에 전세 수요층이 어떤 특징을 보일

지 예측하고 상승 여력을 판단해야 하기 때문이다.

아파트는 결국 내가 팔려고 할 때 사고 싶어하는 수요가 많아야 좋은 가격이 형성된다. 그래서 내 물건을 당장은 팔지 않고 장기간 보유하더라도 향후에 전세를 잘 맞추기 위해 반드시 실수요자들의 성향을 파악해야 한다. 지방 실거주자도 집값이 오르기 전에 구축 소형을 매수할 수 있는지 고민해봐야 한다. 서울 수도권이나 대도시 등 대체주택이 부족한 지역에서는 갭으로 미리 사놓는 경우가 많다. 하지만 지방 실거주자는 자금 규모에 맞는 곳으로 이동한 후에 신규 분양(지역 우선)을 기다리는 경우가 많다. 개인 투자자도 서울, 수도권, 광역시 이외의 비조정 지역이나 지방의 3억 원 이하에 투자하는 방식은 2년 후 양도세가 일반과세라서 일견 괜찮지 않을까 싶지만, 리스크가 있을 수 있다. 지방일수록 실거주자가 많아서 구축 소형을 선호하지 않기 때문이다.

지방은 분양받기도 쉽고 소형과 중형의 가격차가 크지 않아서, 신혼부부도 바로 분양을 받아서 중형을 사거나 일단 소형에 살다가 중형으로 갈아타는 경우가 많다. 기본적으로 지방 실거주자는 대형 평수를 유독 선호하는 경향이 있다. 그래서 지방 소형은 입지가 좋지 않으면 지방 실거주자의 매수세를 받기에 조금 무리일 수 있다는 점을 참고해야 한다.

또한 지금은 임대차법으로 전세가가 오르고 유동성 과잉으로 화폐 가치가 급격히 떨어지고 있다. 그래서 외부 투자자들 때문에 집값이 출렁이니까 불안감에 구축 소형도 패닉 바잉할 수 있다. 하지만 2년 뒤에도 지금처럼 구축 소형이 계속 오르고 매도도 잘 될지 혹은 전세를 잘 놓을 수 있는지는 고민해봐야 할 문제다. 될 수 있으면 같은 1억 원 이하의 물건이라도 입지가 좋고 전세 수요가 풍부한 곳에서 매수하는 것이 리스크 관리에 가장 좋은 방법이다.

지방은 서울 수도권보다 택지 확보가 수월하기 때문에 집이 부족해서 집값이 오르면 재빨리 공급에 나설 수 있다. 분양만 해도 집값과 전세가 상승에 타격을 입힐 수 있다. 따라서 1억 원 이하의 물건을 매수할 때는 2년 뒤의 시장 상황을 살피는 통찰력을 반드시 갖춰야 한다.

현재 공시가 1억 원 이하의 물건인데 이 긴 상승장에도 이전 고점을 회복하지 못한 구축 소형은 신축 공급의 타격을 가장 먼저 받을 타깃이 될 것이다. 특별한 인구 유입요인이 없는 지방도시는 웬만한 신축 공급에도 영향을 받을 수 있다.

지방에 투자할 때는 서울이나 수도권 투자와는 전혀 다른 관점으로 접근해야 한다. 공시가 1억 이하의 지방 아파트에는 투자자가 몰리면서 3,000만~4,000만 원 정도 오른 경우가 많은데, 서울이나 수도권 투자자와 지방 실거주자 사이에 1,000만 원에 대한 체감도는 상당히 다르다. 소위 지방의 현금 부자나 지주 들은 지방보다는 강남이나 서울 아파트에 투자하기를 훨씬 선호한다. 따라서 모든 투자의 기본을 아파트 상승률에만 맞추지 말고 하락기나 조정기에 어떻게 버틸 것인가에 대한 리스크 관리전략을 수립해야 한다.

매매가 1억 원 내외 아파트가 몇천만 원 올랐다는 사실은 10억 원 내외 아파트가 몇억 원 오른 것과 상승률로만 보면 비슷한 수치다. 또한 체감상 지방 투자자들은 몇천만 원 상승한 것을 고점이라고 느낄 수도 있다. 따라서 1억 원 이하의 아파트가 몇억 원 오를 거라는 기대감은 일단 배제하는 것이 현명한 판단이다. 현실적인 상승폭을 예상하고 투자 시에 리스크를 미리 대비하는 것이 가장 지혜로운 전략이라고 생각한다.

다만 해당 지역에 삼성전자처럼 연봉이 높은 기업단지가 들어서 있어서 임금 상승률이 받쳐주면 전세가도 그에 따라 올라갈 가능성이 높다. 전세 보증금은 돌려받는 돈이라는 인식이 깔려 있어서 전세가는 생각보다 빠른 속도로 올라가기도 한다. 전세가가 매매가를 밀어올려서 생각보다 큰 상승률을 기록할 수 있다는 점도 생각해볼 만하다. 찾아보면 아직도 수도권 신축 대단지인데 평당 2,000만 원이 채 안 되는 아파트가 제법 많이 있다.

이러한 기준에서 볼 때 인구 유입이 한정된 지방의 구축 소형이 보이는 상승 한계를 가늠하고 투자해야 한다. 단기간의 상승을 기대하기보다는 장기 보유를 목적으로 해서 리스크를 잘 관리할 수 있는 전략을 선택해보자. 내가 앞서 언급한 개발 포화상태가 지방까지 퍼져 내려와서 퀀텀 점프(5억 원 이상 상승한 신고가)하는 타이밍이 올 수 있다. 전세를 잘 관리해서 오래 끌고 간다는 전략으로 좋은 입지의 다양한 물건을 많이 매수하는 다주택자 포지션을 채택해보자. 수도권이나 서울에 있는 물건의 전세 상승분으로 혹시 올지도 모르는 지방 물건의 전세 조정기를 방어할 수 있을 것이다.

지금의 과열장이 언제까지 갈지는 모르겠지만 언젠가는 지금 만들어진 다양한 정책과 제도적 장치가 사라질 것이다. 여기에 공급이 늘고 금리가 오르면 조정기가 올 수도 있다. 더욱이 미래의 정책 결정자가 시장 원리에 맡기고 최소한의 간섭만 한다면 과열된 부동산 시장도 안정될 것이다. 그러면 투자자들은 하나둘씩 투자금의 수익을 회수하려고 할 것이다.

이 과정에서 돈이 가장 먼저 빠지는 곳은 지방의 구축이나 1억 원 이하의 물건일 것이다. 그래서 2년 혹은 4년 후의 수요를 예측하고 시장이 변동하게 될 경우의 수를 시나리오별로 따져봐야 한다. 리스크를 관리하는 시스템을 미리 구축할 수 있도록 입지가 탄탄하고 실거주에 적합한 물건을 매수하자. 앞에서도 언급했듯이 3억 원 언저리의 물건과 1억 원 이하의 물건을 골고루 매수하는 방식이 리스크 관리에 유리한 전략이다. 규제지역과 비규제지역을 섞어서 균형 있는 포트폴리오를 기획하는 이유도 같은 맥락에서 리스크 관리가 중요하기 때문이다.

1억 원 이하의 물건은 현재 가치가 1억 원 이하라는 점을 간과해서는 안 된다. 리스크가 분명히 존재하는 물건이라는 뜻이다. 첫 주택을 매수할 때는 핵심지에서 될 수 있으면 가격이 좀 무거운 물건으로 우선 매수해야 한다. 첫 주택이기 때문에 갭이 많지 않으면서 최대한 가격이 나가고 좋은 물건을 매수해서 전세 상승분의 폭발력을 최대화해야 한다. 첫 주택은 추후에 1억 원 이하의 물건들을 유지해나가는 리스크 관리의 화수분이 되기 때문이다.

압구정8학군의 투자노트

공시가 1억 원 이하의 물건에 투자하는 방식

1. 갭이 최대한 작은 아파트를 사서(주로 갭 1,000만 원 내외) 1,000만
   ~3,000만 원 내외를 붙여서 파는 방식. 나는 추천하지 않는 방식
   이다.

2. 수리가 안 된 허름한 아파트를 사서 전체를 수리하거나, 혹은 돈
   을 더 주고 수리가 잘 된 아파트를 사서 최소한의 갭을 목표로 삼
   아 전세 세입자를 맞추고 장기 보유하는 방식이다.

3. 1억 원 이하의 물건에 투자할 때 핵심은 얼마나 비싸게 전세를 놓
   느냐이기 때문에 전세 잘 놓는 방법을 반드시 연구해야 한다. 장
   기 보유를 목적으로 전세 수요가 풍부한 곳에 투자하는 방식이다.

1억 원 이하의 물건에 투자를 결정할 때 고려할 사항은 다음과 같다

1. 앞으로 최소 2년간 가격이 떨어지지 않을 지역에서 실수요자들이

선택할 만한 입지 괜찮은 구축.

2. 투자금이 적게 들어가고 (전세가율이 높고) 재건축 단지에 비해 상대적으로 덜 오른 아파트.

3. 호재가 확실한 지역이나 근접지에 위치한 신축.

4. 법인들이 조직적으로 매수하지 않은 단지.

비과세 유혹과 양도세를 극복하라

다음은 소액 투자자들이 자주하는 질문이다.

"A 지역과 B 지역에 보유 중입니다. 올해까지 2년 실거주해서 비과세로 팔 수 있는데, 팔고 1주택을 유지하는 게 좋을까요, 아니면 앞으로 폭등장을 예상해서 그냥 보유하는 게 좋을까요?"

"현재 무주택자인데 청약 점수가 아까우니 청약을 기다리는 게 좋을까요, 아니면 영끌해서 지금 덜 똘똘한 1채라도 구매하는 게 좋을까요?"

이들 질문의 핵심은 '내년에도 집값이 오를까요', '오른다면 얼마나 오를까요', '지금이 고점일 가능성은 없을까요'인데 아마도 투자의 불확실성에서 오는 두려움이 작용했을 것이다. 다음 질문은 대부분 아파트값 상승폭과 보유 시 양도세, 보유세, 종부세 등등으로 나가는 비용을 비교하는 내용이다.

"얼마나 오를까요? 보유세, 종부세 혹은 양도세 등을 절세하는 게 더 이득일까요, 아니면 장기 보유해서 아파트값 폭등으로 얻는 이득이 더 클까요?"

　주변에 있는 수많은 투자자들의 경험담을 종합해서 얘기하자면, 지금 정부가 혜택이라고 주는 비과세는 표면적으로 보면 큰 메리트로 다가온다. 하지만 팔고 나서 엄청난 상승장 앞에 땅을 치고 후회하는 경우가 많은 것도 사실이다. 실질적 혜택이 되는 경우는 가령 매도해서 현금화한 후에 토지나 상업용 부동산 등 다른 종류의 부동산에 투자했을 때로 국한된다. 그리고 확실한 수익이 보장되는 경우처럼 몇 가지 특수한 조건과 상황이 필요하다.

　자, 그럼 해운대 두산위브더제니스를 예로 들어 10년이라는 사이클을 두고 비과세의 효용성을 따져보자(단순 비교를 위해 다른 부수적인 요소는 계산에서 제외했다).

　2010년 4억 5,000만 원에 산 155제곱미터를 2015년 6억 원에 팔아서 1억 5,000만 원의 양도차익이 생겼다고 가정해보자. 그리고 30퍼센트의 중과세율을 적용하면 6,000만 원의 최종 수익을 얻을 수 있는데, 비과세 혜택을 받으면 1억 5,000만 원의 최종 수익을 얻을 수 있다고 설정해보자.

　만약 집주인이 2021년까지 보유했다면 30퍼센트 중과 양도세율을 적용해도 1억 6,000만 원의 최종 수익을 거두어서 5년 만에 비과세 혜택을 받고 판 것보다 좋은 수익을 얻게 된다. 그후로 시간이 지날수록 엄청난 속도로 수익이 붙는 잠재력이 생긴다.

　이런 결과는 2015년까지 별다른 상승세를 보이지 않던 부산 해운대 아파트들도 작년과 올해 사이에 퀀텀 점프를 한 것이 주된 원인이다. 이른바 해운대 핵심지라는 호재를 머금고 있던 제니스아파트가 수요와 유동성을 만나서 가치를 정확히 평가받기 시작한 것이지 특별한 호재가 있었다고 보이진 않는다.

결론은 어느 입지건 잠재된 내재적 가치를 평가받기 전에 팔면 5~10년 안에 거둘 수 있는 잠재적 수익을 모두 잃게 된다는 것이다. 심지어는 이보다 더 장기간 보유할 때 얻을 수 있는 유동성(전세 상승분에서 받는 현금)과 재건축 혹은 리모델링이나 재개발 혹은 교통 호재 등으로 누릴 수 있는 행복을 모조리 내다버리는 셈이 된다.

지금처럼 돈의 가치가 하락하고 무한히 유동하는 장에서는 상승폭을 예측할 수 없고 퀀텀 점프가 속출하고 있기 때문에 잠깐의 혜택을 위해 매도하는 행동은 전혀 옳은 선택이 아니다. 요즘 배액 배상이 많이 나오는 이유도 같은 맥락에서 이해할 수 있다. 물건을 매도한 후에 다른 곳에 투자할 확실한 선택지가 있고 그 투자처가 큰 수익을 보장한다면 몰라도, 그런 확신도 없이 매도를 해버리면 후회하게 된다.

비과세는 일시적이지만, 공간 사용권이라는 영구히 소멸하지 않는 가치를 지닌 집이라는 재화는 인간의 수명을 고려할 때 잠재력이 어마어마하다. 한순간의 비과세 혜택에만 눈이 멀어서 매도를 했는데, 그후에 몇억씩 상승한 경우가 숱하게 많다는 뜻이다. 솔직히 말하자면 대부분 매도하고 나서 몇 년 안에 엄청나게 오르는 상승장이 지속되었다. 매매가보다 전세가가 더 높아져버린 경우도

해운대 두산위브더제니스의 시세 변화(출처: 네이버 부동산, 2021년 6월 15일)

허다하다.

대한민국의 국토가 미국이나 캐나다, 중국, 호주에 비해 정말 작다는 사실은 세계지도를 보면 금방 알 수 있다. 미국의 경우, 우리나라 면적과 비슷한 하나의 주 안에 호재(철도, 항만, 산업시설, 기타 인프라 개발)가 발생하면 그 주의 모든 지역이 혜택을 받는다. 주변 주택 값이 기다리면 오른다는 말이다.

한국에서도 마찬가지로 A 지역에 지하철역이 생기면 그 옆에도 언젠가는 지하철역이 생기게 된다. 거시적이고 장기적으로 봤을 때 그 지하철역이 미치는 영향은 한 지역에 국한되지 않고 인근 지역 혹은 도 단위의 호재로 연결되는 경우가 많다. 넓게 보면 대한

민국 전체의 도로망과 교통망에 긍정적인 영향을 끼치는 것이다.

쉽게 말하면 한국 국토에서는 어떠한 도로망이건 호재건 개발이건 그 파급효과가 넓게 스며들며 퍼진다는 뜻이다. 현재 대한민국에 펼쳐지고 있는 역대급 전국 불장도 사실은 공급이 조금만 더뎌지면 언젠가는 나타날 수밖에 없었던 예견된 현상이다.

입지는 그 가치가 변하지 않는 성질의 것이 아니라 끊임없이 발전하고 적응하며 변화하는 텃밭이다. 입지는 가변적 요소와 태생적 요소로 구성되어 있다. 자연환경이나 영구 조망같이 타고난 좋은 입지는 변하지 않을 수 있지만 개발이나 상권처럼 트렌드에 따라서, 혹은 생각지도 못한 호재에 따라서 입지는 얼마든지 발전할 수 있다. 그래서 대한민국 어디든 개발이 포화상태에 이르면 다른 입지로 기회가 넘어갈 수밖에 없다. 기다리면 당신네 동네에도 젖줄이 흐르고 개발이 터질 수 있다는 얘기다.

기다리면 결국 오른다는 말은 장기 보유하면 그 가치를 언젠가는 인정받고 꽃을 피우는 시기가 온다는 뜻이다. 똘똘한 한 채는 태어나는 것이 아니라 오랜 기다림과 인고 끝에 피는 꽃이고 기다린 사람들만 누릴 수 있는 달콤한 혜택이다.

인구는 줄지만 1인 가구 및 세대수 증가로, 부동산 수요는 전국이 하나의 망으로 연결되어 있다는 점을 고려하면 일정 지역에만 국한되지 않는다는 사실이 증명되었다.

부동산 상승의 전통 사이클 법칙을 정리하면 다음과 같다.

주변 시세 상승 → 분양가 재상승 → 주변 시세 재상승 →
고분양가 → 주변 시세 추가 상승

최근 전국 어디든 안 오른 곳이 거의 없었다. 향후에도 전국적 상향 평준화장 혹은 전국적 수렴장을 대비해야 한다. 수익을 내려면 부동산을 팔기보다는 보유하면서 더 큰 수익을 누리는 방식이 나아 보인다. 부동산 유기체의 법칙과 세포분열의 법칙을 토대로 해서 체계적으로 물건을 늘려나가자. 다양한 지역의 개발 호재를 장기간에 걸쳐 다 흡수할 수 있도록 포트폴리오를 짜는 것이 중요하다. 이 호재를 흡수하려면 작은 평수 위주로 매수하는 것이 좋다.

컨설팅에서 전문가에게 집중적으로 얻어야 할 인사이트는 돈을 어디에 투자해야 하는지 혹은 얼마나 언제 어떻게 투자해야 하는지에 대한 솔루션이다. 하지만 정말 필요한 것은 투자의 이유나 향후 추가 투자의 방향성을 컨설팅을 통해 얼마나 쉽게 이해하고 확신을 얻을 수 있느냐이다.

압구정8학군의 투자노트

집값이 당분간 떨어지지 않는다는 예측의 근거들

1. 30년 이래 최저 주택 공급.

2. 향후 공급될 주택 대부분(3기 신도시)이 실질적으로 소유권을 갖기 힘든 사회주택 혹은 임대주택이다. → 공급 절벽 지속.

3. 임대차법 때문에 전세가가 매매가를 떠받치는 현상이 최소 4년간 (2+2년) 유지되고 있어서 매매가가 전세가 아래로 하락하기 어렵다.

4. 통화량이 팽창하고 유동성이 폭발하고 화폐 가치가 하락하며 주식시장이 양적으로 팽창해서 돈이 최종 종착지인 부동산 시장으로 쏠리고 있다.

5. 이미 국민 대부분이 올라타고 있거나 올라타려고 하는 부동산 트랙의 내재적 안정성과 주거라는 인간의 기본 욕구를 충족해주는 아이템의 불패 당위성.

6. 50조에 달하는 토지 보상금 유입.

7. 상급지와 하급지에 대한 국민적 위화감과 상급지로 이동하려는 인간 본연의 욕망.

8. 1인 가구 증가와 무주택자들의 상대적 박탈감 증폭, 주택 소유에 대한 국민적 열망

9. 부동산 조세 시스템에 따른 세금의 귀착효과.

10. 개발 호재는 폭발적으로 증가하는데, 국토는 한정되어 있고 인프라 요충지는 더 한정되어 있다.

11. 대한민국 부동산에 투자하는 외국 투자자들의 수요 증가.

12. 새로운 트렌드에 따라 사유 공간에 대한 수요가 증가하고 공공시설에 거부감이 든다.

고기를 잡아서 보여주는 것이 아니라 고기 잡는 법을 알려줘야 한다. 어디어디가 오를 것 같다는 식으로 고기를 잡아서 보여주는 처방은 트렌드와 정부 정책이 바뀌면 효용성이 급격하게 떨어질 수밖에 없다. 결국 환경을 이해해야 한다. 이런 맥락에서 집값이 당분간 떨어지지 않을 거라는 전문가들의 의견을 몇 가지 근거를 들어 정리해보았다.

이러한 근거 말고도 집값 상승의 시그널은 여러 가지가 있다. 이들 근거로도 수긍이 안 되는 이들을 위해 당분간 부동산 가격이 떨어질 수 없는 이유를 정말 쉽고 단적인 예를 들어 설명하겠다.

이제는 전 세계 거의 모든 사람이 쓰는 휴대폰, 이 휴대폰이 비싸고 구하기 쉽지 않아서 아무나 쓰지 못하던 시절이 있었다. 하지만 지금은 누구나 당연히 가지고 있어야 할 필수품이 되어버렸다. 이제 휴대폰이 없으면 온전한 생활을 할 수 없을 정도로 모든 기능이 휴대폰 하나에 탑재되어 있다. 그야말로 생존 수단의 기본 필수템인 것이다. 의식주와 마찬가지로 휴대폰이 없으면 아무것도 못 하는 시대가 되어버렸다.

부동산도 마찬가지다. 이전에는 부동산이 없어도 2년 동안 추가 비용 없이 일정 금액을 맡기면 빌릴 수 있었고 단기로도 가능한 데다 돈만 있으면 충분히 살아갈 수 있었다. 하지만 지금은 상황이 달라졌다. 거주지를 빌리는 비용 자체도 너무 올랐거니와, 거주지를 빌리면 다른 생활에 지장을 받을 정도로 거주에 대한 안정성을 지키는 비용이 커졌다.

부동산은 거주라는 기본 욕구를 충족할 뿐만 아니라 당사자의 자녀 교육에도 영향을 미친다. 이밖에도 각종 의료 혜택과 일자리 근접 등 사람이 살아가는 모든 요소와 삶의 질에 직접적인 영향을 끼치게 되었다. 결국 복합적이고 기본적인 투자 수단이 되어버린 것이다. 이런 부동산에 대한 전 국민의 수요가 상승했다. 모든 국민이 소유하려고 드는 필수품이 되어버렸다. 이미 국민 대다수가 이 부동산 트랙에 올라탔거나 타려고 한다. 더 상급지로 올라가려는 욕망은 끝없이 작용하기에 부동산 가격, 특히 핵심지의 가격은 쉽게 떨어질 수 없다.

요즘과 같은 시대에는 더 가치 있는 물건을 선점하는 것이 중요하다. 행동으로 나의 사회적 존재감을 증명하지 않으면 도태되는 시대가 왔다. 부동산이라는 재화는 이제 인간이 소유해야 하고 더 발전시켜야 하는 인생의 목표이자 끝없는 욕망의 대상이 되었다. 이런 욕망은 끝이 없을 거라고 생각한다. 부동산은 적어도 당분간 떨어지지 않는다.

압구정8학군의 투자노트

환경은 계속 변할 수 있다. 예를 들어 세금은 정부의 DNA를 따라 변하는 변수 RNA다. 부동산은 오랫동안 함께하는 DNA 같은 자산이다. 5년마다 바뀌는 전혀 다른 성향의 정부 DNA 안에 있는 변수

RNA 때문에 나의 투자 DNA를 무력하게 만들고 인생을 좌우할 투자 선택지를 바꾸는 것은 굉장히 어리석은 일이다. 투자자는 자신의 투자를 계속 이어나가야 한다. 우리의 자산은 팔지 않는 이상 아무도 건드릴 수 없다.

6장.
소액 투자의
골든 타임

부동산 골든 타임의 법칙: 투자는 타이밍의 예술이다

부동산 투자에서 중요한 점은 흐름을 잘 타는 것이다. 요즘 같은 상승장에는 최대한 빨리 투자하는 것이 가장 좋은 타이밍이라는 말도 틀린 소리는 아니다. 하지만 기본적으로 부동산 투자에서는 타이밍을 잘 재야 한다. 즉, 몸에 투자 DNA를 심어야 하고, 그 과정에서 '골든 타임의 법칙'을 장착해야 한다. 부동산 투자에서 중요한 타이밍은 첫 주택을 매수하는 시점이라고 할 수 있다. 첫 단추를 잘 끼워야 좋은 흐름을 타고 다음 물건을 매수해서 이익을 볼 수 있기 때문이다. 더욱이 2년 후에 전세 상승장이 딱 맞아 떨어져야 전세 상승분을 많이 확보할 수 있고, 다음 투자 선택지에서 유리한 자리를 선점할 수 있다.

부동산 투자에서 중요한 포인트 하나는 매수 물건을 선점하는 일, 즉 좋은 물건의 소유주에게 '계좌를 받는 것'이다. 부동산의 특성을 잘 파악해서 가계약금을 넣고 계약서를 쓸 때까지 배액배상의 리스크를 관리하며 좋은 매매가를 협상하기 위한 전략을 짜야한다.

부동산 투자의 다음 골든 타임은 매수 시기와 잔금일에 달려 있다. 잔금일을 최대한 뒤로 밀어서 잡는 것이 유리하다. 계약일과 잔금일 사이에 배액배상이 나오지 않도록 중도금 규모와 타이밍을 잘 잡는 것도 중요하다. 중도금은 배액배상의 리스크를 없애기 위한 요소이기 때문에 간과해서는 안 된다. 이 중도금 금액을 최저치로 설정하는 것도 유용한 기술 중 하나다. 또한 잔금일에 전세를 잘 놓아야 하고 그후 전세 갱신 타이밍에 현금 유동성을 극대화해야 한다. 다음 추가 매수의 효율성을 극대화하는 전략의 골든 타임을 미리 예측해야 하고 칼 타이밍에 매수를 감행해야 하기 때문이다.

'부동산 골든 타임'의 법칙은 어떤 투자지의 어떤 물건에 어떤 규모의 시드머니를 투자할 것인지에 대한 의사를 결정하는 과정 전반에 작용한다. 나는 투자를 '타이밍의 예술'이라고 생각한다. 이 법칙은 어느 타이밍에 매수할 것인지, 그 감각을 키우는 데 필수적이다. 즉, 투자의 효율성을 극대화하는 법칙이라는 뜻이다. 모든 투자의 의사결정 과정에서 항상 염두에 두고 고려해봐야 할 법칙이라고도 할 수 있다.

투자 포트폴리오 짜기

수익률을 극대화하기 위해서는 정확한 타이밍에 적절한 시드머니를 투입하는 것이 중요하다. 또한 매수 시점에 저평가된 지역을 정확한 타이밍에 매수하는 것이 부동산 투자의 기본이다. 이 '골든 타임'을 놓치면 잔금일에 전세를 놓을 때 생각보다 이득을 보지 못할 수도 있다. 그렇게 되면 다음 물건을 매수하는 데 차질이 생기기도 한다.

다주택자 포지션은 다른 포지션에 비해 현금 유동성과 리스크 관리 측면에서 뛰어난 효율성을 안고 있다. 여기에는 부동산 개수가 늘어갈수록 수익률이 점점 개선되는 '수익 무한 루프의 법칙'을 극대화하는 것이 중요하다. 이를 위해서는 내가 보유한 물건들을 늘려나가는 방식을 최적화해야 한다. 늘려나가는 과정에서 흔들리기 쉬운 유혹이나 효용성을 갉아먹는 요소를 미리 파악해야 한다. 다주택자 포지션을 형성하는 과정에서 본인의 투자금이나 포트폴리오의 특징에 따라, 혹은 투자 타이밍에 따라 수익 창출 타이밍도 달라질 수 있다. 여기서 장착해야 할 법칙이 바로 '부동산 골든 타임의 법칙'이다.

투자자들이 염두에 두어야 할 사실은 투자 포트폴리오를 디자인하는 과정에서 골든 타임의 정답이 사람마다 다르다는 점이다. 각자 자신의 처지나 상황에 최적화된 포트폴리오를 정확한 타이밍에 계산해서 디자인하는 것이 포인트다. 하지만 기본적으로 이런 포트폴리오를 디자인하기 위해서는 소액 아파트 투자의 핵심 법칙들

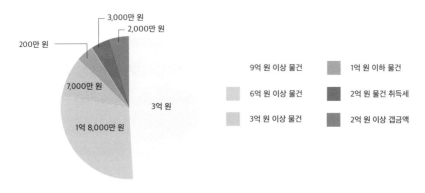

시드머니 배분 포트폴리오

을 장착해야 한다. 그 안에서 내가 원하는 결과물을 얻기 위해 노력해야 한다. 소액 아파트 투자의 법칙을 장착하지 않고 무작정 수익률을 높이기 위해 여러 물건을 매수하면 단기적 리스크에 직면할 수 있다. 게다가 그 해결 과정에서 상당한 어려움을 겪을 가능성이 높다.

위 다이어그램에서 시드머니 배분의 일례를 살펴보자. 이 다이어그램에는 내가 언급해온 지방 저평가 아파트의 전세가율을 적용했다. 물건 각각에 대한 시드머니 투입 비율을 결정할 때 향후 수익률이나 현금 유동성을 먼저 예측해야 한다. 그렇지 않으면 자금을 투입할 때 차질이 빚어져서 상당히 곤란한 상황에 놓일 수 있다.

초기에 투자할 수 있는 시드머니와 첫 물건을 매수하고 나서 잔금일(3~4달) 이후에 실질적으로 내 손에 들어올 현금을 계산해야 한다. 또한 추가 물건을 매수하는 과정에서 내 수중에 실질적으로 들어오는 돈과 소비하는 돈 그리고 투자 가능한 가용자금 등을 분석해야 한다. 결국 향후 2년 혹은 4년 동안 할 수 있는 투자 활동의 로드맵을 디자인할 필요가 있다. 투자 활동을 디자인할 때 매달 수입이 일정한 봉급생활자라면 생각지도 못한 지출이나 긴급자금을 수혈해야 하는 경우까지 모두 염두에 두어야 한다. 보수적인 관점에서 시드머니 규모를 결정하자. 그리고 시드머니를 어떤 물건에 투입하고 또 어떤 기준으로 물건을 탐색해야 하는지에 대한 가이드라인을 확실하게 잡아야 한다.

앞서도 언급했다시피 소액 투자일 경우에는 물건의 기준을 다음 표와 같이 매매가 무게에 따라 총 4가지 구간으로 나눠볼 수 있다. 이 중에서 희망하는 지역의 갭이나 매매가 추이를 살펴보고 3가지에서 4가지 정도 구간을 선택해보자(1억 원 이하의 물건 혹은 2억 원 이하의 물건은 필수다). 그 구간에 있는 매매가별 물건을 집중 탐색하는 것이 좋다. 매매가별 물건이 결정되면 그 안에서 세부적으로 내가 투입할 수 있는 자금의 규모를 계산해야 한다. 이때 취득세와 갭금액까지 합해서 각 물건별로 어느 정도의 시드머니를 투입할 것인가를 결정해야 한다.

또한 매매가별 구간을 설정하고 시드머니의 투입 규모에 따라 매수계획을 세울 때 내가 투입할 수 있는 자금의 80퍼센트 정도로 투입 규모를 맞춰야 한다. 그래서 투자 총액을 설정하는 것이 중요하다. 남은 20퍼센트 정도의 자금은 취득세를 제외한 기타 세금을 방어하고, 기타 제반 비용과 자금 스케줄이 틀어졌을 때를 대비한 예비자금으로 리스크 관리에 활용하면 좋다. 또한 잔금일에 전세를 놓는 과정에서 예상보다 많은 비용이 들어갈 경우(수리나 인테리어 혹은 시세보다 낮은 전세가 계약), 그 비용을 충당하기 위한 예비자금으로 항상 여유자금을 보유하는 것을 추천한다.

취등록세+갭비용+제반 비용(예시)

① 1억 원 이하의 물건:

총 비용 3,000만 원 이하(취등록세+중개 수수료 최대 300만 원

+갭 최대 2,000만 원)

② 1억~2억 원 사이 물건:

총 비용 최대 5,000만 원 이하(취등록세+중개 수수료 최대 3,000만 원

+갭 최대 2,000만 원)

③ 3억~4억 원 사이 물건:

총 비용 최대 9,000만 원 이하(취등록세+중개 수수료 4,000만 원

+갭 5,000만 원)

④ 6억 원 이상 물건, 첫 주택 옵션:

총 비용 1억 1,000만 원 이상(취등록세+중개수수료 최대 1,000만 원

+갭 최대 1억 원)

이처럼 투자 가능한 시드머니의 예산 가이드라인을 잡았으면 이제 본격적으로 첫 투자 물건부터 시작해 물건을 하나씩 늘려나가는 시나리오를 그려보자. 미리 디자인한 포트폴리오의 로드맵에 맞춰 투자를 실행할 수 있도록 철저하고 냉철하게 자금흐름을 모니터링해야 한다. 그래야만 앞으로 유입될 유동자금을 함께 분석할 수 있기 때문이다. 자금흐름은 내가 생각지도 못한 비용과 리스크가 발생해서 한순간에 엉망이 되어버릴 수 있으므로 각별히 주의해야 한다.

예를 들어 매매계약을 하는 과정에서 현 세입자의 명도 관련 시기에 오차가 생기면 생각보다 많은 자금이 단기에 필요해질 수 있다. 그래서 철저하게 이 부분을 관리하고 꼼꼼하게 계약서를 검토해야 한다. 전월세 세입자가 선택할 수 있는 액션의 폭이 넓어진 시점이기에 내가 당연히 문제없을 거라고 생각했던 포인트에서 문제가 생길 수 있다. 여러 가지 최악의 시나리오를 분석한 후에 확실하게 리스크를 선제 방어하는 것이 중요하다. 지금과 같은 상승장에는 투자자 대부분이 좋은 물건을 사려고만 혈안이 되어 있어서 막상 매수한 다음에 당연히 해야 할 리스크 관리에 소홀할 수 있다.

물론 투자는 무리를 해야 수익률이 좋다는 것이 나의 지론이다. 그렇지만 좋은 물건을 무리해서 샀다고 모든 투자가 끝난 건 아니다. 투자는 그때부터 시작이다. 장기 보유를 목적으로 매수를 했더라도 리스크는 겪어봐야 파악할 수 있는 것이므로 방심하지 말자.

항상 2년 후에 매도할 수도 있다는 생각으로 장기간 보유할 계획을 세워야 문제없이 전세를 좋은 포지션에 유지할 수 있다.

부동산 매수에 골든 타임이 있는 것처럼 좋은 조건에 전세를 놓는 데도 타이밍이 중요하다. 2년 후에 전세를 연장하는 상황도 여러 가지 시나리오를 미리 그려놓고 대비해야 한다. '이 정도면 괜찮겠지 하는 안일한 생각'으로 전세를 놓는 것과는 큰 차이가 있다. 특히 전세 퇴거를 두고 세입자와 끊임없이 대화해야 한다. 전세가 만기되기 9개월~6개월 전부터 미리미리 갱신권에 대한 대응을 준비해두는 것이 좋다.

더욱이 매수계약을 하고부터 잔금일까지의 기간은 자금 조달 계획서를 두고 충분히 고민해야 하는 구간이다. 정상 입주 물건의 잔금일 전에 최대한 좋은 조건으로 전세를 놓기 위해 부동산 중개업소와 끊임없이 소통할 필요가 있다. 전세를 좋은 조건에 놓는 일은 어떻게 보면 다주택자에게 중요한 전략 중 하나다. 전세를 놓는 타이밍이나 전략에 따라 유동자금의 흐름이 크게 달라질 수 있다는 점을 항상 유념해야 한다.

소액 투자에서 시드머니를 투입하기 위한 예산계획을 수립했다면, 이제 그 예산에 맞게 설정된 물건 각각에 어떻게 투자를 시작할 것인가에 대한 전략을 세워야 한다. 그 전략을 계획하기 위해서는 대체로 다음의 포인트를 고민해봐야 한다.

압구정8학군의 투자노트 ✏️

예산에 맞게 설정된 물건 각각에 대한 투자 전략을 수립할 때 고려해야 할 포인트

1. 첫 투자 물건을 어느 지역에 투자할 것인가?
2. 첫 투자 물건을 어느 타이밍에 투자할 것인가?
3. 첫 투자 후에 두 번째 물건의 투자지 설정.
4. 두 번째 물건의 투자지 탐색 및 매수 타이밍.
   (매매가 구간 및 투자 규모 확정)
5. 세 번째 물건의 투자지 탐색 및 매수 타이밍.
   (매매가 구간 및 투자 규모 확정)
6. 네 번째, 다섯 번째, 여섯 번째 물건의 투자지 탐색 및 매수 타이밍.
   (매매가 구간 및 투자 규모 확정)

투자 지역 설계 예시

경기 동남권과 충청권까지 아우르는 소액 투자 지역을 설정하고 지역별로 시드머니를 투입하는 계획을 짜보았다. 첫 주택을 매수할 때는 취득세 중과가 면제되는 구간 가운데서 가장 핵심지 혹은 가장 상급지에 있는 물건으로 설정해야 한다.

여하튼 향후에 1억 원 이하 2억 원 미만의 물건을 장기 보유하

기 위해서는 리스크 관리에 드는 유동자금의 보물창고가 필요하다. 그래서 매수할 물건 중에 대장 물건을 첫 번째 매수 타깃으로 잡는 것이 리스크 관리의 포인트다.

첫 번째 물건을 갭으로 매수할 때 자금을 최대한 확보하려면 내가 실거주하는 집에 들어가는 비용을 최소화해야 한다. 최대한 많은 자금을 확보하기 위해 저렴한 나홀로 아파트나 소규모 단지에 전세로 사는 옵션도 생각해볼 수 있다. 매수의 골든 타임이 설정되면 추후에 매수해서 실거주하는 방식으로 깔고 앉는 돈을 최소화해야 한다.

젊은 세대는 몸테크(상태가 좋지 않은 물건에 버티고 살면서 최대한 투자금을 많이 끌어모으는 재테크)가 가능하다면 미래를 위해 전세나 구축 소형에 사는 것도 좋은 방법이다. 그렇게 해서 첫 번째 물건의 투자비용을 최대한 많이 끌어모아서 탄탄한 본진(첫 주택)을 구축하는 것이 중요하다. 본진이 탄탄해야 추후에 생겨날 멀티(분점)들이 힘을 받을 수 있고 위기가 닥쳐도 자금이 꼬이지 않도록 유동자금을 퍼 나를 수 있으므로, 본진의 중요성을 항상 염두에 두어야 한다.

경기 동남권 포트폴리오

다음의 예시에는 경기도에서 핵심 본진이라고 할 수 있는 1기 신도시 분당, 평촌 그리고 판교, 의왕을 선택했다. 이곳들은 추후에 전세 리스크가 와도 어느 정도 방어가 가능한 핵심지다. 또한

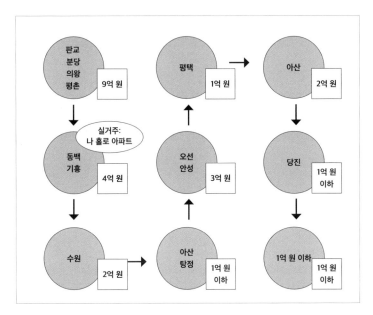

소액 투자 포트폴리오 예시(경기 동남권+충청권)

아래를 떠받혀주는 하방 압력이 탄탄한 지역들이기도 하다. 즉, 수지나 용인 구성, 용인 동백, 기흥, 광교, 동탄, 오산, 평택, 안성까지 분당과 판교, 의왕, 평촌을 떠받치는 특징이 있다. 현재 지역의 K 반도체 라인이나 IT 라인들의 약진이 상당히 눈에 띄는 형국이라는 점은 부인할 수 없는 사실이다. 더욱이 앞으로도 아래에서 떠받쳐주는 지역들의 눈부신 발전이 예상된다. 하방 압력이 탄탄한 분당, 판교, 평촌, 의왕은 매매가 조정기나 전세가 하락기 혹은 조정기가 와도 방어망을 튼튼하게 구축할 수 있는 뿌리를 단단히 내리고 있다. 그리고 IT 벨트인 판교 라인을 따라 동탄까지 가게 되면 수원 광교와 기흥이 버팀목이 되어준다. 이 지역에도 많은 시드머니를 투자할 명분이 충분하다. 즉, 판교나 분당에 6억~9억 원대의 소형 평수를 매수했다면 동탄을 포함한 두 번째 지역에서 5억~6억 원대 구간의 국평이나 20평대 후반 물건을 매수하는 것도 좋은 방법이다. 동탄 다음 세 번째 구간에서는 대장 격인 평택과 오산, 안성을 중심으로 매수가 가능하다. 이 지역에 1억~2억 원대 구간 하나와, 2억~3억 원대 구간 혹은 3억~4억 원대 구간의 물건 중 준신축에 갭이 작은 물건을 매수하는 전략도 세울 만하다. 마지막으로 세 번째 구간의 핵심지고 전세 수요가 풍부한 곳에서 1억 원 이하의 물건 하나를 매수해보자. 혹은 좀 더 내려가서 천안이나 아산 쪽에서 학군 받쳐주고 교통 편리한 1억 원 이하의 물건을 탐색해보자. 이러한 방식으로 계속 매수해나가다 보면 지역과 물건을 고르는 안목이 탁월해져서 수익률이 점점 오를 것이다. 또한 물건을 매수해서 전세를 놓고 다시 갱신해서 추가 여유자금을 확보하는 과정에서 칼 타이밍을 잡는 감각이 몸에 장착될 것이다. 이렇게 매수를 반복하고 투자를 계속하면 장기 보유할 수 있는 힘이 길러진다. 결국에는 여유자금이 풍성해져서 향후 세금이나 조정기에 따르는 리스크 관리가 수월해진다.

구간별 예시 단지와 단지의 경쟁요인

1. 판교, 분당, 의왕, 평촌에서 9억 원대 예시: 분당 무지개마을 4단지 (리모델링)

2. 동백, 구성, 기흥에서 4억 원대 예시: 용인 신동백 서해그랑블 2단지(용인 세브란스병원)

3. 수원, 화성, 오산, 평택, 안성에서 3억 원대 예시: 오산역 e편한세상(오산역 대장)

4. 아산, 천안에서 2억 원대 매매가: 불당 한성필하우스(불당동 인프라 및 학군)

5. 아산 탕정, 당진에서 1억 원대 매매가: 당진 수청 원당 주공1단지(수청지구 개발), 아산 탕정 한라 홍익(탕정 2지구 개발), 아산 배방 삼정그린코아(배방역)

수도권 서남부 포트폴리오

수도권 서남부 포트폴리오의 시작점이라 할 수 있는 인천 송도와 인천 청라는 최근 외국인 투자자들의 핫 투자지로 불린다. 그만큼 성장세가 엄청난 지역이라는 뜻이다. 또한 수도권 서남부 노선이 잇따라 개통해서 서울 서남권과 물리적, 심리적 거리가 좁혀지고 있어 엄청난 호재와 잠재력을 품고 있는 지역이라고 할 수 있다. 여기에 서울 서남권의 각종 개발 호재(마곡지구 개발 및 가양 CJ 부지 개발)와 목동의 약진으로, 수도권 서남부와 서울 서남권을 잇는 포트폴리오는 그야말로 가장 핫한 곳 중 하나다. 일단 취득세 중과를 피할 수 있는 첫 번째 물건으로, 마곡지구 혹은 가양동이나 염창동의 입지 좋은 구축이나 마곡의 신축 중에서 저평가된 단지를 선택하는 것을 추천한다. 저평가된 지역 중 하나인 구로구 오류동을 공략하는 전략도 나쁘지 않다. 구로구 오류동이나 온수역 부근은 생각보다 가격이 다른 지역에 비해 많이 오르지 않았고, 인접한 광명이나 구로의 다른 지역보다 저평가된 지역으로 판단된다. 두 번째 물건의 경우에는 아무래도 요즘 핫한 경기 서남권에서 저평가된 지역의 신축이나 핵심지의 구축으로 들어가는 것도 나쁘지 않다고 생각한다. 2021년에 가장 큰 상승폭을 보인 안산, 시흥, 군포에서 매수하는 것도 추천한다. 혹은 잠시 주춤했던 상승폭을 회복하고 있는 전통의 강자인 광명에서 저평가된 구축으로 들어가는 것도 좋은 옵션이라고 생각한다. 그다음에는 2억 원대 물건이 아직 남아 있는 부천 외곽 지역이나 인천 남동구를 잘 탐색하면 좋은 물건을 찾을 수 있을 것이다.

1억 원 이하의 물건이라면 인천 미추홀이나 월미도 쪽 매물을 주의 깊게 살펴봐야 한다. 특히 2021년 상반기에 상승폭이 주춤했던 김포 지역의 저평가된 구축도 찾아볼 만하다. 인천 청라는 아산병원이 입주를 확정해서 급격하게 가격이 상승하고 있는 지역이다. 이 지역에서 가벼운 물건을 찾기는 쉽지 않겠지만 병원이 입주

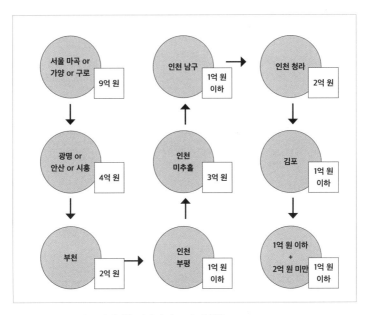

소액 투자 포트폴리오 예시(서울 서남권+수도권 서남부)

할 예상지 근처의 오피스텔(1.5룸 혹은 2룸)이나 아파텔(예로, 청라 센트럴 에일린의뜰)을 탐색하면 생각보다 괜찮은 물건이 있을 것이다. 대형 병원 근처의 아파텔이나 오피스텔은 전세 수요가 풍부하고 향후 가격 지지대도 탄탄하게 받쳐줄 수 있다. 다주택자에게도 취득세 부담이 적어서 요즘 이 지역 아파텔의 인기가 많다. 이 지역의 성장 가능성을 다양하게 분석해서 투자하면 좋은 성과를 거둘 수 있을 것이다.

수도권 서남부~서울 서남권으로 이어지는 투자 포트폴리오를 탈 때는 향후에 외국인 투자를 규제하고 나설지를 생각해봐야 한

수도권 서남부를 지나는 주요 개통 예정 노선

자료: 국토교통부

노선명	구간	착공(예정)	개통(예정)
신안산선	경기 안산-시흥-광명-5호선 여의도역	2019년	2023년
인덕원동탄선	경기 동탄2신도시-수원-안양-4호선 인덕원역	2021년	2027년
월곶판교선	경기 시흥-광명-안양-신분당선 판교역	2021년	2025년
대곡소사선	경기 부천-김포공항-3호선 대곡역	2016년	2021년
GTX B	인청 송도-경기 부천-여의도-청량리-경춘선 마석역	미정	미정
GTX C	경기 수원-과천-양재-청량리-1호선 덕정역	미정	미정

다. 외국인 투자자가 이탈하는 시나리오를 고려해서 거품이 빠지지 않을 핵심지나 핵심 개발지역에 투자해야 나중에 손실을 보지 않을 것이다. 현재 인천은 상승세가 엄청나서 앞으로도 투자 가치나 잠재력이 뛰어난 지역이다. 하지만 학군이나 입지에서 비교우위에 있는 지역에 우선 투자해야 조정기가 와도 풍부한 전세 수요를 유지해서 좋은 조건으로 전세를 계약할 수 있다.

아무래도 직주라는 요소를 생각하면 수도권 동남부 경부 벨트에 비해 조금 열세에 있는 것은 사실이다. 이런 점을 참고해서 전세 수요가 튼튼한 곳 위주로 투자하는 것이 바람직한 투자 요령이다. 안산, 시흥 그리고 광명도 마찬가지로 일자리와 관련해서 다른 지역에 비해 조금 리스크가 있을 수 있다. 서울 접근성이나 교통 호재가 있는 지역 위주로 (서남부 주요 교통노선 참고) 투자하는 것이 안전하다고 생각한다.

압구정8학군의 투자노트 ✏️

구간별 예시 단지와 단지의 경쟁요인

1. 서울 마곡, 가양 구로에서 9억 원대 예시: 서울 강서구 가양 6단지 23평(가양 CJ 개발 호재).

2. 광명, 안산, 시흥에서 4억 원대 예시: 시흥 정왕 보성아파트(배곧 신도시).

3. 인천 미추홀 청라에서 3억 원대 예시: 청라 센트럴에일린의뜰(오피스텔).

4. 김포, 안산, 부천에서 2억 원대 매매가: 부천시 중동 중흥마을 주공아파트(학군, 대곡소사선, GTX).

5. 인천 부평 남구에서 1억 원대 매매가: 인천 미추홀 신동아 1차, 2차 (인천지법, 인천검찰청, 학군).

서울 서북권과 수도권 북부, 서북부 포트폴리오

서울 서북권은 행정구역상 은평구, 서대문구, 마포구를 포함한다. 면적으로 보면 서울시 전체 면적의 약 11.8퍼센트를 차지하며,

CBD 중심 업무지구인 광화문 일대까지 접근성이 나쁘지 않다. 게다가 최근 핫한 지역 중 하나인 상암 DMC 업무지구를 품고 있어, 수도권 서북부와 CBD의 교두보 역할을 하는 핵심지로 부상하고 있는 곳이다. 특히 수색역 근처 개발은 열전도의 법칙에 따라 이 지역의 성장 잠재력을 결정지을 핵심 요인이 될 것이다. 따라서 튼튼한 전세가율과 매매가 상승 잠재력이라는 두 마리 토끼를 잡을 수 있어 투자 기회가 좋은 곳이라고 봐도 무방하다. 다만 주변의 재래시장과 롯데쇼핑 간에 복합 쇼핑몰 개발을 두고 협상을 마무리 지어야 상승률이 가시화할 것으로 보인다. 그래도 장기 보유를 목적으로 매수한다면 첫 번째 물건 매수지로 손색이 없다.

또한 GTX-A의 노선도에도 나와 있듯이 불광동과 연신내는 교통의 획기적인 호재를 품고 있어 열전도의 법칙이 적용된다. 따라서 CBD 혹은 DMC를 위한 베드타운의 한계를 벗어던지고 화려한 변신을 할 것으로 예상된다. 강남 삼성역까지 접근성마저 좋아지면 '연쇄 상승 반응의 법칙'이 적용되어 엄청난 시너지를 뿜어낼 것으로 보는 이들이 많다. 이 지역의 구축단지 중 GTX에 근접해 있거나 역세권을 잘 탐색하면 생각보다 좋은 수익을 낼 수 있을 것이다. 마포 공덕 일대는 서울 지하철 5호선, 6호선, 경의중앙선 등이 만나는 지역으로 이른바 '쿼드러플'이라 불릴 만큼 교통 핵심지다. 2023년에 신안산선이 개통되면 이 지역은 그야말로 교통의 허브가 될 것이다. 마포 공덕의 소규모 단지 구축에는 아직도 갭이 괜찮은 10억 원 근방의 물건이 많이 있으므로, 이 지역을 집중 탐

단지명	전용 면적(평)	계약 연월	거래금액 (만원, 총액/전용 면적)		층	건축 연도
			총액	평당 금액		
은평 스카이뷰자이	25.51	2021/5	122,000	4,782	16	2019
삼송2차아이파크	25.63	2021/6	104,000	4,057	29	2015
지축역 센트럴푸르지오	25.67	2021/4	117,000	4,577	7	2019

서울과 수도권 서북부에서 주목할 만한 단지(첫 번째와 두 번째 물건 매수 타깃)(출처: 네이버 부동산)

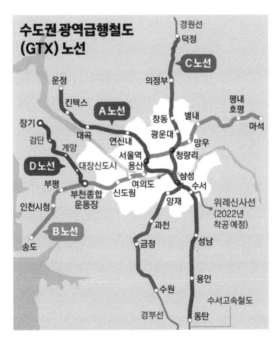

GTX 노선도(출처: 국토교통부, 2021년 6월 17일)

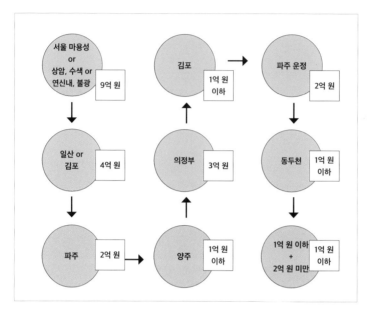

서울 마용성
or
상암, 수색 or
연신내, 불광 — 9억 원

일산 or
김포 — 4억 원

파주 — 2억 원

김포 — 1억 원 이하

의정부 — 3억 원

양주 — 1억 원 이하

파주 운정 — 2억 원

동두천 — 1억 원 이하

1억 원 이하
+
2억 원 미만 — 1억 원 이하

소액 투자 포트폴리오 예시(서울 서북권+수도권 북부/서북부)

색해서 첫 번째 아파트를 서울 핵심지에 매수하는 전략을 적극 추
진해보자.

GTX의 효과를 받는 킨텍스 지역이나 서대문구 가재울 뉴타운
도 최근 상승세가 두드러진 지역이다. 따라서 첫 번째 매수 타깃으
로 탐색해볼 필요가 있다. 김포의 저평가된 신축 혹은 준신축 아파
트 단지나 일산의 저평가된 구축 가운데도 3억~5억 원대 정도의
매매가를 보이는 물건을 찾을 수 있을 것이다. 두 번째 매수의 타
깃으로 고려해봐야 하는 지역이다.

파주 운정에는 GTX의 호재를 안고 있어 두 번째 물건지로 유

망한 5억~7억 원대 물건이 꽤 있는 것으로 파악된다. 의정부 역시 대장주인 '의정부 롯데캐슬골드파크2단지'를 중심으로 저평가된 준신축이나 신축을 주의 깊게 살펴보면 좋을 것이다.

1억 원 이하의 물건으로는 김포의 구축도 좋지만 개인적으로는 의정부 동두천 사이에 있는 양주에 주목할 필요가 있다고 생각한다. 특히 1호선 덕계역과 덕정역 근방에 있는 주공아파트(덕정 주공아파트)나 공시가 1억 원 이하의 20평대 물건을 주의 깊게 살펴봐야 할 것이다. 1억 원 이상 2억 원 미만의 30평대 물건도 꼼꼼히 탐색해보자. 의외로 아름다운 물건이 당신 눈을 번뜩이게 해줄 것이다. 양주도 최근 동두천과 의정부의 상승세로 인해 본격적인 상승세가 시작된 지역이다. 향후에 신축 대장주를 중심으로 가파른 상승세를 보일 지역이어서 수익성이 높은 물건이 꽤 많이 남아 있을 것으로 판단된다.

압구정8학군의 투자노트 ✏️

구간별 예시 단지와 단지의 경쟁요인

1. 서울 마용성, 상암, 은평, 수색, 연신내, 불광에서 9억 원대 예시: 서울 은평 뉴타운 꿈에그린(역세권, 은평 뉴타운 호재 GTX–A), 고양시 덕양구 삼송 2차 아이파크(GTX–A 연계)

2. 일산, 김포에서 4억 원대 예시: 일산 백석동 백송한신아파트(학군지)

서울 동부/동북부권과 수도권 동부 그리고 강원

서울 동부나 동북부권에서는 최근 위례 신도시가 강세를 보이고 있고, 더불어 노도강(노원, 도봉, 강북) 지역이 2021 초반부터 상승세를 이어가는 여파가 중랑구와 하남 미사 및 남양주까지 옮겨 붙고 있다. 위례 신도시는 위례신사선 개통(2027년까지), 강남 복합 환승센터 연결과 위례 과천선 개통(2028년까지), 위례 트램 완공 등의 호재가 풍부해서 명실상부 수도권 동부의 대장 신도시이자 송파 신도시라고도 불리는 지역이다.

이러한 교통 호재가 실현되면 위례는 GBD(강남 비즈니스 권역) 30분 이내 접근, CBD(한양도성)와 YBD(영등포/여의도) 50분대 접근이라는 획기적인 입지를 확보하게 된다. 그래서 지금 시세가 고평가되었다는 일부 의견은 설득력을 얻기가 조금 힘들다. 위례삼동선으로 인해 위례가 온전히 누릴 수 있는 독점적인 위례신사선의 혜택을 경기도 광주에 일부 내어주게 되었다는 지적도 있다. 하지만 나는 반대로 경기도 광주를 통한 이천 반도체 단지나 분당 판교 라인의 접근성이 개선되어 오히려 위례에는 호재가 될 수도 있다고 생각한다.

강동구 고덕은 이미 입지적으로 탄탄한 요소를 갖추고 있다. 고덕 비즈밸리의 호재도 있어 상일동역 근처의 신축이나 준신축 단지들도 충분히 상승 여력이 있다고 본다.

강일미사 광역철도가 완공되면 고덕 비즈밸리의 시너지는 하남, 미사 신도시까지 타고 올라가게 된다. 하남, 미사, 고덕, 상일동역에서 암사까지 이어지는 라인이 탄탄한 직주와 한강변 메리트 그리고 CBD/GBD 접근성까지 좋아지게 되어 미사 신도시와 고덕의 시세가 다시 한번 점프할 가능성이 있다.

고덕이나 노도강 혹은 중랑구, 위례 신도시의 물건 가운데 저평가된 물건을 1차 매수 포인트로 잡아보자. 경강선과 위례삼동선으로 또다른 도약을 준비하고 있는 경기도 광주의 역세권 신축 주변에서 저평가된 준신축, 혹은 미사 신도시의 준대장 물건 중에서 저평가된 단지를 두 번째 물건으로 살펴보자. 이 지역의 저평가된 물건을 매수하면 꽤 괜찮은 수익을 거둘 수 있을 것으로 생각된다.

경기도 광주와 초월역 부근의 매물에는 이미 상승세가 대거 반영되어 있지만, 경강선 라인 중에 곤지암이나 이천, 여주에는 저평가된 5억 원 이하의 단지가 꽤 있는 것으로 보인다. 결론적으로 이 근방 물건을 꾸준히 탐색하고 모니터링과 트래킹을 계속하면 좋은 성과를 거둘 수 있다.

다음 물건의 매수 타깃 지역은 남양주다. 남양주는 3기 신도시인 남양주 왕숙 신도시에 대한 광역교통 대책이 2020년 말에 확

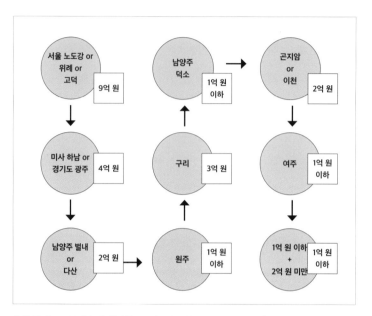

소액 투자 포트폴리오 예시(서울 동부/동북부권+수도권 동부+강원)

남양주 광역철도 교통권역 지도(출처: 조선일보 땅집고, 2012년 2월 10일)

정, 발표되었다. 이로써 남양주는 GTX부터 4호선, 8호선, 9호선까지 품는 교통의 중심지가 되었다. 남양주에 이르는 9호선 연장효과로 별내, 다산, 진접까지 이어지는 근방 지역이 그 호재를 톡톡히 누리게 되었다. 경춘선, 경의중앙선과 4호선 환승역이 왕숙 1지구에 들어오고 9호선과 경의중앙선 환승역은 왕숙 2지구에 들어온다. 왕숙은 남양주의 교통 중심이 되었고, 강남 GBD까지 1시간 안에 접근 가능한 메리트를 품게 되었다.

왕숙 신도시뿐만 아니라 진접, 별내, 다산 신도시, 구리시 등 주변 지역도 간접적으로 9호선 연장효과를 보게 된다. 우선 4호선과 9호선 환승역(가칭 풍양역)이 놓일 진접지구가 최대 수혜지역으로 떠올랐다. 현재는 지하철 노선이 전혀 없지만, 2028년이면 9호선과 4호선을 동시에 이용할 수 있게 된다. 그래서 서울 강남북과 직접 연결되어 교통 여건이 대폭 개선된다. 진접지구는 아파트 입주가 모두 완료됐고, 진접 2지구에서는 2025년 입주를 목표로 토지 보상작업이 끝났다.

2020년 한 해 동안 별내지구와 진접지구에 신설이 예정된 역 주변의 아파트값이 큰 폭의 상승세를 보였는데, 앞으로도 추가 상승여력이 있어 보인다.

남양주, 별내, 다산지구 그리고 진접지구와 함께, 5억 원 미만이나 3억 원 미만의 물건에 투자할 만한 곳으로 내가 강력하게 추천하는 지역은 남양주 덕소와 구리역 근처다.

남양주의 다른 지역이나 남양주 신도시 지역이 여러 가지 호재

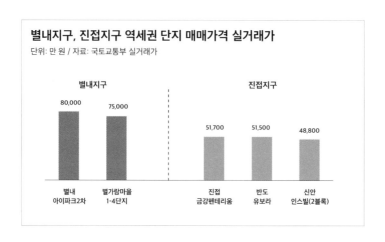

별내지구, 진접지구 역세권 단지 매매가격 실거래가

단위: 만 원 / 자료: 국토교통부 실거래가

의 상승효과를 이미 흡수했다면, 남양주 덕소는 이런 상승효과가 아직 덜 스며든 곳 중 하나라고 생각된다. 고덕과 하남, 미사 지역이 약진하고 남양주 신도시들이 각종 호재를 안으면서 남양주 덕소는 '호재와 호재' 사이에 위치하게 되었다. 그래서 그 상승 여파가 '열전도 법칙'과 '연쇄 상승 반응 법칙'에 따라 전달될 것으로 보인다. 특히 덕소 근방의 주공아파트 중에는 3억 원 미만의 물건도 아직 남아 있는 것으로 판단되기 때문에 이 지역을 집중 탐색할 필요가 있다. 구리도 마찬가지다. 남양주와 하남 미사가 상승효과를 흡수하면 당연히 구리 지역의 아파트에도 열이 전도되어 상승의 온도가 전해질 것이다. 현재 구리역 근처에는 아직도 괜찮은 5억 원 미만의 물건이 무척 많다. 이 지역을 집중 탐색하면 괜찮은 3억 원대 물건을 어렵지 않게 확보할 수 있을 것이다.

1억 원 이하의 물건이라면 원주나 여주의 저평가된 물건을 추천한다. 원주는 원주 기업도시의 입점으로 2021년에 인구 40만 명을 돌파할 것으로 예상된다. 서원주역에 KTX가 개통하고부터 상당한 잠재력을 지닌 지역으로 성장하게 되었다. 또한 덕소~원주와 여주~원주 복선 전철이 확정되어, 여주와 덕소의 시너지를 공유할 수 있는 지역으로 거듭나고 있다. 제2영동고속도로를 타면 강남까지 1시간 이내에 차량으로 이동할 수 있다는 점도 획기적인 메리트가 될 것으로 판단된다.

그래서 원주 역시 수도권처럼 1시간 안에 서울에 접근할 수 있는 광역 수도권역 중 하나로 인식되고 있다. 서원주 근처에 저평가된 구축이나 준신축을 탐색하면 생각보다 괜찮은 1억 원 이하 혹은 3억 원 미만의 물건을 찾을 수 있을 것이다. 다만 한 가지 주의해야 할 점이 있다면 다른 지역에 비해 원주에 법인 투자자들이 많이 진입하고 있는 것으로 파악된다는 것이다. 진입할 단지에 법인이 얼마나 들어와 있는지 파악하기 위해 지역 전문가 혹은 그 지역에서 오래 영업한 부동산 중개업소와 심도 있게 대화를 나눠보는 것을 추천한다. 여주 또한 경강선 때문에 상승세가 이어지고 있지만 아직 인프라 확충이 추가로 필요한 상황이다. 그래도 장기 보유를 목적으로 가격이 저렴한 물건에 투자하기에 적합한 지역이라고 할 수 있다. 20평대 준신축이나 경강선 주변의 물건을 잘 탐색하면 좋은 물건을 찾을 수 있을 것이다. 내가 앞에서 언급한 남양주 덕소나 여주의 경우에도 원주와 함께 물건을 시리즈로 매수하면 향후 개발되는 라인이 같기 때문에 동일한 시기에 여러 물건의 전세

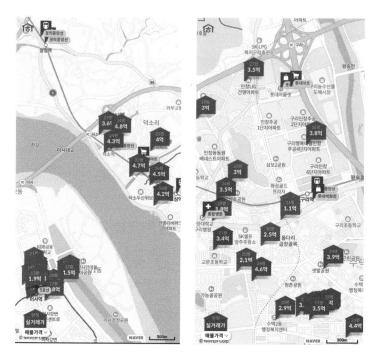

덕소, 하남, 미사 및 구리역 인근 1~5억 원대 물건(출처: 호갱노노, 2021년 8월 7일 기준)

가가 동시에 상승하는 효과를 얻을 수 있을 것이다. 다시 말해 같은 개발 호재나 교통 호재를 흡수하는 지역들에서는 시리즈로 매수하는 전략이 바람직하다. 여러 물건의 전세가가 동시에 상승하는 현상은 2년이나 4년 후에 전세 상승분이라는 여유자금을 확보하는 데 중요한 역할을 한다.

내가 4가지 포트폴리오의 예시를 든 건 개발 호재나 상승요인의 열이 전도되는 구간은 교통 호재가 있거나 비슷한 특징을 띠기 때문이다. 비슷한 권역의 연쇄 상승 반응에 따라 라인을 타고 퍼지는 현상을 보인다.

이렇게 라인을 타고 열이 전도되는 현상, 곧 열전도의 법칙이 성립하려면 반드시 그 라인의 징검다리를 통해 열이 전달되어야 한다. 예를 들어 판교에서 시작된 호재나 상승세는 비슷한 IT 기업이나 반도체 공장이 위치한 경기 남부의 K 반도체 라인을 타고 움직이게 된다. 그 과정에서 이 라인은 경부선이라는 핵심 교통축을 타고 차례대로 아래로 움직이는 현상을 보인다. 열이 전도될 때 그 열을 잇는 역할을 하는 '호재와 호재' 사이 지역은 당연히 그 열을 받아서 상승할 수밖에 없는 원리인 것이다.

가령 동탄과 평택에 삼성전자 반도체 관련 시설이 들어온다는 호재가 있으면 그 사이에 있는 오산이나 바로 옆의 안성은 그 상승세를 이어받는 길목이 된다. 이 길목은 호재를 직접 받는 지역보다 열전도율이 조금 낮고 속도가 느려서 저평가된 지역이기 때문에 투자하기에 상당히 매력적이다.

종합해보면 부동산에 소액 투자를 하려면 개발 호재의 열이 전도되는 길목을 잘 파악해야 한다. 대세 라인을 따라 열이 전도되는 과정을 예측하고 길목마다 물건을 사놓는 것이 중요하다. 이렇게 물건을 매수하면 한 지역의 호재가 다른 지역으로 옮겨가는 효과를 동시에 거둘 수 있어서 전세값이 상승하는 타이밍이 비슷해지는 효과를 누릴 수 있다. 2년마다 다가오는 전세 갱신 타이밍에서 더 많은 현금을 확보할 수 있는 골든 타임을 예측하게 되는 것이다. 그리고 호재와 호재 사이에 있는 길목의 저평가된 구간을 매수하면 시간차 상승률이 반영되기 전에 상승효과를 얻을 수 있다. 따라서 수익률을 쉽게 확보할 수 있으므로, 이러한 전략을 참고해서 투자지를 선정하고 투자 타이밍을 재는 것이 중요하다.

압구정8학군의 투자노트 ✏️

구간별 예시 단지와 단지의 경쟁요인

1. 서울 노도강, 위례, 고덕, 중랑구에서 9억 원대 예시: 서울시 노원구 상계동 상계주공3단지(역세권 학군지)

2. 미사, 하남, 광주에서 4억 원대 예시: 하남시 신장동 명지캐럿(역세권)

3. 남양주 별내, 다산, 구리시에서 3억 원대 예시: 구리시 수택동 한인아파트(경의중앙선 역세권)

4. 남양주 덕소, 곤지암에서 2억 원대 매매가: 남양주 덕소리 우송2차(덕소역 역세권)

5. 여주, 원주에서 1억 원대 매매가: 여주 교동 여주교리 강남아파트(경강선, 여주역 푸르지오 대단지 인접)

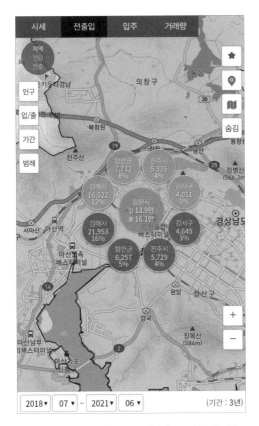

창원의 전입 전출 통계(출처: 부동산지인, 2021년 8월 8일)

지방 아파트 고르는 팁

부동산 열전도의 법칙에 따라 상승 호재나 개발 라인(축)을 같이 탄 지역은 거의 같은 시기에 매수가 비슷한 강도의 상승 패턴을 보인다. 특히 지방에서는 이런 현상이 두드러진다. 이 매수 강도가 어떤 도시에서 동시다발적으로 변화하는지 살펴보려면 전입 전출

데이터와 매수 강도, 신축/구축, 평형별 상승률 등을 분석해볼 것을 추천한다.

　가령 창원의 아파트가 어느 지역의 개발이나 호재와 결을 같이하며 동반 상승하는지 혹은 열전도가 일어나는지 확인하는 것이 중요하다. 이를 위해 가장 먼저 전입 전출이 빈번한 권역을 파악해보자. 해당 지역에서 전입 오거나 전출 가는 비율을 다른 지역과 비교하는 작업이 필요하다. 전입과 전출 측면에서 김해와 가장 밀접히 상호작용하는 것을 확인할 수 있을 것이다. 말하자면 김해의 개발 호재에 가장 민감하게 반응하고 있다는 뜻이 된다. 또한 김해의 개발 호재가 몇 년도에 발표되고 시행되었는지 그리고 창원의 아파트 가격이 그 개발의 여파로 언제부터 움직였는지 잘 살펴보자. 그러면 아직 상승요인의 효과가 덜 전달된, 그러니까 열전도가 채 일어나지 않은 물건의 특징을 파악할 수 있다.

　김해의 개발 호재가 창원 어떤 지역의 어떤 평형대에 가장 많이 영향을 미쳤는지 살펴보자. 혹은 신축이나 구축 중 어느 것의 호재 흡수력이 더 좋은지 분석해보자. 이 과정에서 저평가된 물건이 어떤 단지에 있는지 파악할 수 있다. 다음 결과를 바탕으로 분석해보면 창원의 구축은 신축보다 상승률이 떨어진다. 또한 30~40평대 물건이 호재나 주변의 개발 호재에 더욱 민감하게 반응하며 가장 상승률이 높다. 또한 세번째 그래프에서 시장 강도 100을 기준으로 한 상승률을 보면 2020년 하반기부터 본격적인 상승세를 보이다가 현재는 (전세가와 매매가 모두) 둔화되는 추세라는 것을 알 수

경남 창원시 매매/전세 추이 정보(출처: 부동산지인, 2021년 8월 8일)

있다.

종합해보면 창원에는 2020년 말부터 상승률을 끌어올리는 요인이 작용했다. 이 요인이 다른 지역과 상호작용(서로 밀어올리거나 받쳐주는 힘)하면서 지속되었지만, 2021년 하반기로 접어들면서 상승률이 꺾이고 상승 강도가 약해졌다. 그리고 30평대 신축이 상승장을 주도했다. 구축이나 대형 평수 들이 받쳐주지 않아서 상승세가 지속되는 열전도의 법칙이 작용하지 않았다. 이런 부분을 고려했을 때 창원은 자체적인 개발 호재가 작용했다기보다는 전체 상승장이나 다른 지역(특히 김해)의 상승세가 전도된 효과로 표면적으로만 열이 전달되었기 때문에, 앞으로 상승세가 주춤하거나 보합으로 갈 가능성이 높다.

서울이나 수도권 물건을 고르는 꿀팁

지금까지 광역도시나 서울 수도권에 건설된 수많은 전철노선의 계획과 실제 완공 시기를 비교해보자. 예정보다 늦게 완공되는 경우가 상당히 많았다는 사실을 알 수 있다. 결국, 장기적으로 보면 매매가는 개발 포화상태로 인해 키를 맞추며 상향 평준화할 것이 유력하다. 따라서 '소액 투자가 가능한 아파트'는 '전세가율의 법칙'에 따라 저평가된 단지에서 찾아야 한다. 최대한 전세가율이 높은 곳을 찾는 것이 중요하다는 뜻이다. 보통 저평가된 단지는 전세가율이 높아서 소액으로 투자하기 좋고 높은 전세가가 매매가를 밀어올릴 수 있는 지역으로 인식되어 향후 매매가가 상승할 여지

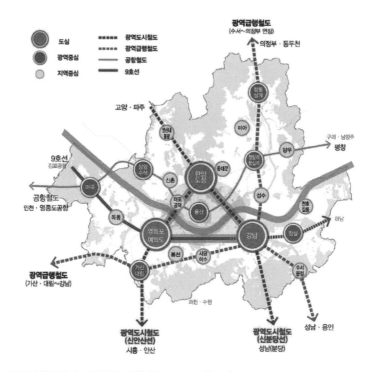

2030 서울도시기본계획(출처: 대한경제, 2018년 12월 4일)

도 있기 때문이다.

실질적인 전세가 상승을 예측해야 하는 방어적인 다주택자 포지션이라면 수도권 지역에서는 철저히 현재 가치에 영향을 끼치는 '주요 비즈니스 권역까지 소요되는 시간'이나 '해당지까지 접근하는 경로의 대중교통 상황'을 고려해서 현실적인 투자를 하는 것이 바람직하다. **현재 운행 중인 전철노선 또는 M버스 등을 이용해 서울 3대 핵심 업무지구인 GBD, CBD, YBD 혹은 판교(PBD)까지 50분**

내외로 출퇴근이 가능한지가 투자의 기준이 된다.

보통 3대 업무지구로 생각하는 CBD, GBD, YBD는 도심 3곳에 속해 있다. 이전 서울 도시 기본계획에 비해 특이한 점은 1도심(광화문 일대의 도심)에서 3도심으로 바뀌었다는 것이다. 요즘은 PBD까지 넣어 4대 업무지구를 선정하기도 한다.

GBD(강남): 강남, 역삼, 선릉, 삼성 등(테헤란밸리)

CBD(한양도성): 시청, 을지로입구, 광화문 등

YBD(여의도): 여의도, 여의나루, 영등포 일부

PBD(판교): 판교, 분당, 수원, 동탄 일부 지역

다음과 같이 이미 발표된 교통 호재는 투자자들이 우선적으로 선점하는 포인트다. 이미 상승효과를 흡수해서 호재가 시세로 이어진 단지나 지역보다는 호재와 호재 사이를 탐색해보자. 호재를 직접 품은 지역 사이에 있는 길목이나 징검다리 역할을 하는 지역을 주목해서 살펴볼 필요가 있다.

또한 중요한 점은 큰 개발계획이 발표된 곳 근방에서 '부동산 열전도의 현상'에 따라 열이 전도될 지역을 찾아내는 것이다. 이런 열전도 현상이 연쇄 상승 반응의 법칙을 통해 꾸준히 시세로 이어질 수 있는 인프라가 확보된 곳을 물색해야 한다. 앞서 창원을 예로 들어 설명했다시피 열이 전도된다고 해도 자체에 큰 호재가 없거나 그 열을 품을 만한 인프라가 아직 확보되지 않았을 가능성이

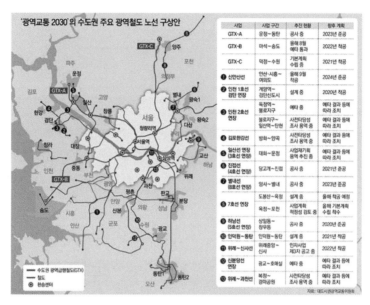

사업	사업 구간	추진 현황	향후 계획
GTX-A	운정~동탄	공사 중	2023년 준공
GTX-B	마석~송도	올해 8월 예타 통과	2022년 착공
GTX-C	덕정~수원	기본계획 수립 중	2021년 착공
① 신안산선	안산·시흥~여의도	올해 9월 착공	2024년 준공
② 인천 1호선 검단 연장	계양역~검단신도시	설계 중	2020년 착공
③ 인천 2호선 연장	독정역~불로지구	예타 중	예타 결과 등에 따라 조치
	불로지구~일산대~탄현	사전타당성 조사 용역 중	예타 결과 등에 따라 조치
④ 김포한강선	방화~양곡	사전타당성 조사 용역 중	예타 결과 등에 따라 조치
⑤ 일산선 연장 (3호선 연장)	대화~운정	사업기획 용역 추진 중	예타 결과 등에 따라 조치
⑥ 진접선 (4호선 연장)	당고개~진접	공사 중	2021년 준공
⑦ 별내선 (8호선 연장)	암사~별내	공사 중	2023년 준공
⑧ 7호선 연장	도봉산~옥정	설계 중	올해 착공 예정
	옥정~포천	사업계획 적정성 검토 중	올해 기본계획 수립 착수
⑨ 하남선 (5호선 연장)	상일동~창우동	공사 중	2020년 준공
⑩ 인덕원~동탄	인덕원~동탄	설계 중	2021년 착공
⑪ 위례~신사선	위례중앙~신사	민자사업 제3차 공고 중	2022년 착공
⑫ 신분당선 연장	광교~호매실	예타 중	예타 결과 등에 따라 조치
⑬ 위례~과천선	복정~경마공원	사전타당성 조사 용역 중	예타 결과 등에 따라 조치

자료: 대도시권광역교통위원회

수도권 주요 광역철도 구상안(출처: 동아일보, 2019년 11월 1일)

있다. 이런 경우에는 금방 열이 식어버린다. 혹은 30~40평대나 신축의 표면에만 열이 묻게 되어 연쇄적으로 상승이 퍼지면서 열을 품을 수 있는 자체 발광이 이어지지 않을 수 있다. 그래서 상승세가 금방 꺾일 수 있으므로 일자리 인프라나 의세권 혹은 학군 등의 열을 품는 요소가 풍부한 곳에 투자하는 것이 바람직하다. (예를 들어 평택 포승지구의 자동차 클러스터, 당진으로 열이 전도된 후에 지속적인 연쇄 상승 반응을 보이고 있다.)

요약하면 불이 옮겨 붙는 것은 어려운 일이 아니지만, 그 불이 활활 타오르게 하는 데는 불을 확대할 수 있는 '윤활유'가 필요하다는 뜻이다.

하락기를 대비하는 자세

다주택자의 리스크 관리전략과 골든 타임에 대한 내용은 다른 무엇보다 중요하고 유념해야 하는 포인트라고 생각한다. 특히 전세 조정기에는 다주택자 포지션의 리스크가 크다고 느낄 수 있지만, 실제로는 그렇지 않다. 그래도 원칙적으로 하락기를 대비하는 자세는 바람직하다.

평균 매매가가 한 채당 6억~9억 원인 경우에 3주택자는 여유자금을 1억~2억 원 정도 (전세 상승장에) 항상 보유하는 것이 이상적인 전략이라고 판단된다. 혹시 모를 조정장에, 혹은 지역별 전세물량이 증가해서 전세가가 하락하는 상황에 대비해서 항상 현금을 보유하는 방침은 리스크 관리에 상당한 도움이 된다. 여기서 주목할 점은 물건 개수가 늘어나면 현금 유동성과 현금 파이프라인이 많아지는 효과가 생긴다는 사실이다. 이런 현금 유동성을 다양한 부동산 물건으로 확보하려면 하락장에도 대비할 수 있도록 상승장에서 얻은 전세 상승분을 전부 신규 주택 매수에 쏟아붓지 말고 3채당 1억~2억 원 정도 남겨놓을 필요가 있다.

내 경험상 위기 관리에 필요한 여유자금 범위의 가이드라인은 다음과 같다.

3채(1채당 평균 가격이 8억 원이라고 가정)일 경우에

여유자금은 2억 원.

6채(1채당 평균 가격이 8억 원이라고 가정)일 경우에

여유자금은 3억 원.

9채(1채당 평균 가격이 8억 원이라고 가정)일 경우에

여유자금은 4억~5억 원.

이 내용은 내가 실제로 여러 번의 전세가 하락기를 맞이했을 때 하락폭을 버텨낼 수 있었던 여유자금의 규모다. 하지만 추가로 매수하는 전략이 중요한 상승장에서는 조금 유연하게 대응하는 것도 좋은 자세다. 다시 말해, 미래의 전세 하락장을 대비하기 위한 여유자금을 조금 줄이더라도 물건 개수를 일단 늘리는 것은 전략적으로 나쁘지 않은 선택지라고 본다.

여기서 한 가지 더 주목해야 할 점은 직관적으로 판단해서 6채일 경우 2×2=4억 원이 필요할 줄 알았는데 3억 원으로 전세 조정장이나 하락장을 방어할 수 있었다는 사실이다. 9채일 경우에는 2×3=6억 원의 여유자금이 필요할 줄 알았는데 4억~5억 원으로 최악의 시나리오인 전세가 하락폭 최대치를 충분히 방어했다.

즉, 물건이 많아질수록 전세가 상승분으로 거둬들인 유동자금이 전세 하락기의 리스크를 방어하면서 점점 상승분이 우위에 서게 된다. 임대인이 주도적으로 전세가를 결정하는 권한은 전세가 하락기보다 상승기에 우세하다는 뜻이다. 나는 많은 물건 개수가 전

세가 하락기와 세금의 압박에서 벗어나는 데 효과적이었던 경험이 있고 증거도 가지고 있다(전세가 상승기에는 많이 오르지만 하락기에는 그 폭이 대체적으로 작다).

결국 시간이 지날수록 소유자는 압박에서 점점 자유로워진다. 전세가 하락은 수요와 공급이 지배하는 시장에서 그 윤곽이 잡히지만, 상승장에서 최종 상승폭이 반영된 가격을 결정하는 주체는 집주인이다. 이는 상승장에서 하락폭보다 더 높은 가격을 설정할 수 있는 절대적 우위를 선점하고 있는 쪽은 부동산 소유주라는 뜻이다.

전세 상승기에 축적한 여유자금은 종부세, 재산세, 보유세 부담을 덜어내는 데 도움을 준다. 기본적으로 소액 투자는 무게가 많이 나가지 않는 (매매가가 비싸지 않은) 구간의 물건을 다량 매수해서 확장해나가는 방식이다. 그래서 세금이 중과되는 무거운 물건을 들고 있는 것보다는 훨씬 부담이 덜한 장점이 있다. 또한 물건이 늘어나면 전세가가 상승하는 덕에 여유자금이 그만큼 많이 생기므로 리스크 관리에 충분한 재원을 확보할 수 있다.

세금 측면에서도 소액 물건의 개수를 늘리는 전략이 무게가 무겁고 매매가도 높은 물건을 보유하는 것보다 확실히 부담이 덜하다. 장기적으로 모든 물건의 가치가 상승한다고 해도 매매가가 높은 구간의 물건을 소유한 이들이 조세에 저항해서 결국 세금 부담에 따르는 리스크는 점점 줄어들 거라고 생각한다. 조세 저항은 피부로 느끼는 삶의 질과도 직결된다. 그래서 앞으로 현재 세율은 수

정될 가능성이 있다. 지금과 비슷한 수준의 높은 세율을 적용하는 일은 조세 저항 때문에 그리 쉽지만은 않을 것으로 보인다.

세금은 상승분을 이기지 못한다는 평범한 원리를 잘 기억하자. 매매가가 낮은 구간에서 수익성이 높은 물건을 지속해 매수하는 방식은 다주택자 중과 보유세 혹은 다양한 세금의 압박에도 충분히 버틸 수 있는 여유자금을 제공한다. 또한 매매가 상승이 심리적 안정감을 주기 때문에 다주택자 포지션으로 인한 세금 리스크나 불안요인은 어렵지 않게 극복할 수 있을 것으로 판단된다.

압구정8학군의 투자노트 ✎

전세 상승분으로 여유자금을 확보하고 그 자금으로 전세 조정기나 하락기 혹은 세금 압박에서 자유로워져라. 세금은 상승분을 이기지 못하며 정권은 조세 저항을 당해내기 힘들다.

위기 관리에 필요한 여유자금 범위의 가이드라인은 다음과 같다.

- 3채(1채당 평균 가격이 8억 원이라고 가정)일 경우에 여유자금은 2억 원 정도
- 6채(1채당 평균 가격이 8억 원이라고 가정)일 경우에 여유자금은 3억 원 정도
- 9채(1채당 평균 가격이 8억 원이라고 가정)일 경우에 여유자금은 5억 원 정도

삼중 매매가와 삼중 전세가의 시대

2021년 7월 10일 기준 서울 강동구 고덕동 고덕그라시움 전용 84.24제곱미터는 보증금 5억 7,750만원(27층)에 전세 거래가 이루어졌다(국토교통부 실거래가 공개시스템 기준). 그리고 7월 13일에는 그보다 두 배가량 비싼 11억 원(3층)에 전세계약을 했다. 2년 전 비슷한 시기의 전세계약을 분석해 보니 27층의 경우에는 5퍼센트 전세 보증금 상한선에 의거한 전세 갱신 거래로 추측되며, 3층은 현재 시세에 따라 새로 전세계약을 맺은 것으로 추측된다.

골든 타임의 법칙에 따라 서로 다른 타이밍에 전세를 놓으면 집주인의 현금흐름이 확연히 달라진다는 사실을 보여준다. 한편 같은 평형 아파트인데 같은 달 21일에는 9억 3,000만 원(18층)에 전세계약이 체결되었다. 갱신 계약과 신규 계약의 중간값으로 전세가 형성된 것이다. 이 거래는 기존 세입자가 집주인과 상의 후에 계약 갱신 청구권을 행사하지 않고 보증금 5퍼센트 상승 제한을 적용해서 전세 갱신이 아닌 재계약을 체결한 사례라고 추측된다.

현행법상 집주인은 본인이나 자녀, 부모님의 실거주를 이유로 세입자의 갱신 요구를 거부할 수 있다. 집주인이 실거주하겠다고 나서면 세입자는 새로 전셋집을 구하는 방법 말고는 다른 방법이 없다. 즉, 집주인의 실거주 카드와 세입자의 계약 갱신 청구권 카드의 중간 지점에서 협상을 해서 시세의 60~80퍼센트 수준으로 재계약을 하는 세입자가 늘고 있다. 같은 평형의 아파트 전세가격이 5억 원, 9억 원, 11억 원대로 삼중 시세가 형성된 것이다. 전세

서울 아파트 전셋값 삼중 가격 사례

자료: 국토교통부 실거래가 공개시스템(출처: 해럴드경제, 2021년 8월 8일)

지역	단지명	전용 면적	계약 시기	가격
강동구 고덕동	고덕그라시움	84.24m²	7월	5억 7,750만(27층) 9억 3,000만(18층) 11억(3층)
강남구 대치동	은마	84.43m²	7월	5억 5,650만(14층) 7억 3,000만(4층) 10억 5,000만(4층)
마포구 신수동	신촌숲아이파크	84.91m²	7월	7억 3,000만(6층) 8억 5,000만(10층) 11억(24층)
강서구 마곡동	마곡13단지 힐스테이트마스터	84.98m²	7월	4억 6,200만(4층) 6억 8,000만(4층) 8억 5,000만(7층)

세입자 처지에서는 계속 살자니 보증금 상승분이 부담스럽고 전세난에 전셋값까지 급등한 상황에서 퇴거를 하자니 마땅히 갈 곳을 찾기가 쉽지 않은 진퇴양난의 상황인 것이다.

개정 임대차법에 따르면 세입자는 통상 2년인 임대차 계약을 1회 연장할 수 있다. 이때 임대료 상승률은 5퍼센트로 제한된다. 갱신 계약 시 전셋값이 2년 전과 비슷한 수준을 보이는 것은 이 때문이다. 계약 갱신이 늘면서 전세 물건이 줄어든 데다 4년간 임대료를 올리지 못하는 집주인이 신규 계약 전셋값을 올리면서 시장에는 갱신 계약 시세와 신규 계약의 두 개의 시세가 만들어졌다. 참으로 기이한 현상이 아닐 수 없다. 분명 같은 단지에 같은 평형인데 전세가가 세 가지 존재하고, 같은 맥락에서 정상 입주 물건은 매매가가 비싸게 형성된다. 전세가를 높게 설정할 수 있어 투자금이 적게 들어가기 때문이다. 반면에 기존 전세 세입자가 들어가 있는 전세 물건, 즉 '세 안고 물건'은 전세가가 예전 전세 시세다. 이런 경우에는 갭 투자자들이 매수를 할 때 매매가가 더 싸더라도 투자금이 많이 들어서 대개 잘 나가지 않는다.

또한 전세 갱신권을 한 번 쓴 물건은 다음 만기 때 세입자의 자진 퇴거가 예정되어 있다. 이런 물건에는 단기적으로 갭 투자금이 많이 들어가지만 곧 높은 가격에 전세를 놓을 수 있다. 그래서 여유자금이 있는 수요자가 어느 정도 존재하기 때문에 소위 세 안고 물건보다는 매매가가 높게 형성된다.

결국 매매가 역시도 삼중 가격이 형성되는 것이다. 여기서 가장 큰 문제는 이 세 가지 가격 중 가장 높은 가격의 정상 입주 매물이 보통 가장 적은 갭을 안고 있다는 점이다. 정상 입주 물건은 희귀하기 때문에 거래량이 줄어들게 된다. 신고가 위주의 시장 분위기가 형성되어 매매가를 낮게 내놓은 주인들이 다시 물건을 거두어들이는 현상이 나타난다. 가령 정상 입주 물건인데 매매가가 3억 9,000만 원이고 전세가는 3억 5,000만 원에 새로 놓을 수 있는 시세가 형성되어 있다면 4,000만 원의 갭으로 살 수 있는 물건이 된다. 하지만 3억 5,000만 원에 나와 있는 세 안고 물건은 전세가가 2억 3,000만 원밖에 되지 않기 때문에 1억 2,000만 원이나 갭이 발생해서 매매가가 4,000만 원이나 더 낮은데도 갭 투자자들의 선택지는 갭 작은 물건으로 향하게 된다.

다주택자에게는 3억 원대의 물건이 취득세 12퍼센트를 더 내더라도 갭이 작으면 매력적으로 느껴지는 게 사실이다. 앞서 든 예시를 보면 동일한 조건의 물건이 매매가에서 3억 9,000만 원과 3억 5,000만 원으로 4,000만 원의 이득이 있는데도 갭비용에서 4,000만 원과 1억 2,000만 원으로 8,000만 원이나 차이가 난다. 매매가가 4,000만 원이나 더 낮아서 취득세에서 이득(약 500만 원)을 얻더라도 갭비용인 8,000만 원을 현실적으로 너무 아깝다고 느낀다. 그래서 3억 9,000만 원짜리 물건을 선택하는 것이다.

결국 전세 보증금은 내 돈이 아니지만 당장 여유자금을 확보해서 다른 곳에 투자할 때 매매가 4,000만 원의 이득보다 훨씬 더 큰 수익을 얻을 수 있다는 결론을 얻게 된다. 하지만 10억 원 이상의 물건이라면 다주택자가 취득세를 1억 원 이상 내고 들어가기에는 상당한 부담이 있다. 차라리 그 돈 1억 원으로 4억 원 미만의 물건에 소액 투자하는 전략도 수익률이 나쁘지 않다고 생각한다. 그러다 보면 결국에는 10억 원 이상의 물건보다는 3억 원, 4억 원 혹은 1억 원대 물건의 거래량이 훨씬 늘어난다. 더욱이 10억 원 이상의 물건은 전세가 시세가 삼중으로 형성되어 있어서 갭차이가 더 나기 마련이다. 그래서 정상 매물이 아니면(세 안고 물건인 경우) 갭차이가 커서 정말 좋은 물건을 제외하고는 거래가 안 될 가능성이 높다. 이렇게 되면 거래량이 줄고 매물은 잠기며 매매가가 높은 정상 입주 물건만 계속해서 나가는 현상이 나타난다. 그 결과, 상승폭이 증가하고 신고가율의 갭은 벌어진다.

정리하면, 갭차이가 적게 나는 정상 매물은 인기가 좋고 수요 (갭 투자자들의 수요)가 많기 때문에 지속적으로 높은 호가를 형성하게 된다. 세 안고 물건도 신고가가 나오면 신고가 대비 낮은 가격으로는 안 팔려는 심리가 있다. 따라서 가격을 조정해서 다시 매물을 올리게 되어 지속적으로 가격이 뛰는 현상이 벌어질 수 있다. 이렇게 신고가가 계속 터져 나오기 때문에 옆 단지로 상승세가 옮겨가는 '열전도의 법칙'이 작용한다. 이를 통해 '연쇄적으로 가격이 상승하는 연쇄 상승 효과'가 반복되어 작은 거래량으로도 엄청난 상승이 꼬리에 꼬리를 물고 이어지는 것이다. 결국에는 그 상승세가 전국을 타고 옮겨가는 폭등장이 형성된다.

이로써 공급이 없고 입주 물량이 부족한데도 전세가 상승을 멈출 수 있는 현실적인 대안이 없는 상황에 직면하게 된다. 이 전세가가 매매가를 너무나 손쉽게 밀어 올려주고 그 상승한 가격을 보고 세 안고 물건이 다시 따라가는 필연적인 가격 상승 시스템이 정착하고 있다.

이렇게 정리한 내용이 이해된다면 지금이 아파트 매수에 얼마나 중요한 골든 타임인지 짐작할 수 있을 것이다. 5억 원 이하의 물건, 즉 취득세가 7,000만~8,000만 원 안쪽인 구간의 물건들은 이제 곧 대부분 5억 원 이상으로 상승할 것이다. 나의 이런 예측을 뒷받침하는 증거가 바로 매매가와 전세가가 삼중으로 형성되는 현상이다. 이 삼중 시세 현상 때문에 정상 입주 물건은 품귀 현상을 빚게 되고, 전세가 상승분으로 추가 투자금을 확보한 다주택자는 지극히 당연하게 5억 원 미만의 물건 혹은 1억~2억 원대 물건에 투자를 계속할 것이다.

현재 상황에서 볼 때 유동성은 지속적으로 극대화될 가능성이 높다. 이런 시장에서 넘쳐나는 자금의 종착지는 이미 부동산으로 정해져 있다고 볼 수 있다.

매수의 기술

아파트 매수에도 다양한 기술이 있다. 첫 번째는 당근과 채찍 기술이다. 흔히 사용하는 협상기술 중 하나인데, 매도인이나 중개업소가 이 매수자는 확실히 살 사람이라는 인상을 받게끔 만드는 것이 중요하다. 확실하게 살 사람이 아니라고 느껴지면 중개업소나 매도자는 그 매수자를 그냥 시세만 떠보거나 간만 보는 사람으로 치부할 수 있다. 그러면 적극적인 거래 활동이 시작되기 어렵다. 그래서 매수할 때 중개업소에 내가 사려는 물건에 대한 가이드라인을 정확히 전달해야 한다. 또한 내가 이 물건을 사기 위해 많은 정보를 수집했다는 사실을 전달할 필요가 있다. 중개업소나 매도인이 이 물건을 정말 진지한 자세로 매수하려는 의지가 있다고 느끼게끔 단서를 계속 던져주어야 한다. 이렇게 내가 이 물건에 관심이 많고 꼭 살 거라는 느낌을 풍기면 매도자가 물건 가격을 제시할 것이다. 등기부등본과 내부 사진 등을 전달해오면 여기서부터는 다소 보수적인 태도로 나가야 한다. 갑자기 태도를 바꾸면 매도자의 신뢰가 한꺼번에 무너질 수 있으므로 가족 중 한 명이 반대하고 있어서 설득 중이라는 식으로 전략을 짜보자. 이른바 타인을 이용한 투 트랙의 협상방식을 채택하는 것이 좋다. 이렇게 하면 매도자는 매수자가 정말로 물건을 살 생각이 있는데 가족의 반대로 매수를 포기할 수도 있겠구나 하고 생각하게 되어서, 좋은 조건으로 협상이 가능한 포지션을 확보할 수 있다.

두 번째로는 경쟁심을 부추기는 방법이 있다. 일반 지역의 중개업소라면 물건을 모두 오픈 소스에 공개하고 그중에서 괜찮은 물건을 매수자에게 소개해서 계약을 유도한다. 모든 중개업소의 물건을 오픈 소스에 공유하는 방식인데, 일부 인기 지역의 물건일 경우에는 포털이나 오픈 소스에 올리기 전에 자기 고객 물건을 독점적으로 투자자들에게 공개해 거래를 성사시키는 방법이 있다. 전자의 방식에서는 모든 물건의 정보를 모두가 다 알고 있다. 중개업소나 매도자에게 해당 지역 물건에 대한 입질이 들어오면, 같은 지역일 경우 모든 정보가 공개되어 있어서 앞의 전략이 먹힐 가능성이 낮다. 그러므로 타 지역 물건을 이 물건과 비교하고 있는데 그쪽에서 이미 계좌를 받은 상태라 고민하고 있다는 식으로 전략을 짜는 것이 좋다. 그후에 가격 측면에서 어떤 물건에 더 메리트가 있는지 확신이 안 서서 고민 중이라는 식으로 경쟁심을 유발하는 협상기술을 사용할 것을 추천한다.

후자의 방식에서는 물건을 독점한 채 오픈 소스에 공개하지 않은 상태다. 따라서 그 지역의 특성상 다른 중개업소에서도 다들 그곳만의 물건을 독점하고 있을 가능성이 크다. 말하자면 같은 지역의 다른 물건을 더 낮은 가격에 계좌로 받을 수 있을 것 같다는 식으로 경쟁심을 부추기면 더 좋은 조건으로 계약을 진행할 수 있다. 이렇게 협상기술을 발휘하면서 있지도 않은 사실을 지어내라는 말이 아니다. 중개업소 여러 군데에 발품을 팔아서 좋은 물건을 건지려고 노력해야 한다는 뜻이다. 다양한 물건을 서로 경쟁하게 만들어서 내가 유리한 포지션에서 협상할 수 있게끔 환경을 조성하는 것이 중요하다.

결국 부동산 매수는 정보 싸움이고, 누가 더 많은 정보를 독점하느냐 하는 '정보의 골든 타임'이 존재한다. 물건 정보를 스스로 모니터링과 트래킹해야 하는 이유도 같은 맥락에서 중요하다. 물건의 방향성이나 시장 흐름에 대한 감각이 있으면 중개업소나 매도자와 협상할 때 더 유리한 위치에서 설 수 있다. 유리한 조건으로 계약을 성사시킬 수 있다는 말이다.

여기서 참고로 가계약금을 송금한 후에 계약 내용 요약본을 매수자와 매도자가 서로 공유하는 것이 중요하다는 점을 강조하기 위해 가계약 내용을 요약한 샘플을 공유한다.

가계약 현황 서비스 샘플

****시 **아파트 *동 *호 매매계약을 아래와 같이 진행하겠습니다.

매매가:

계약금:

잔금:

계약 예정일: 202*년 *월 *일 (시간은 협의로 결정)

잔금 예정일: 202*년 *월 *일

★중요 특약

– 매수인이 전세 임차인을 구하는 것에 매도인은 협조하고

– 전세 임차인 입주 일정에 따라 협의된 잔금 일정보다 앞당겨 조정할 수 있다.

★매도인이 지방에 거주 중이어서 본 계약 일정이 지연됨에 따라 계약금의 일부인 100만 원을 매도인 통장(우체국/1075******/김**)으로 입금하기로 한다.

★입금되는 100만 원은 본 계약 체결을 위한 계약금 일부로 계약 불이행 시 계약금 일부 100만 원은 해약금으로 하며, 매도인은 100만 원을 배액배상하고 매수인은 100만 원을 포기한다.

★위 계약 내용에 동의하시면 '동의합니다'란 답 문자나 유선상 동의 표시를 하시기 바랍니다.

★발신: **공인중개사사무소

전세 잘 놓는 방법과 골든 타임

전세를 잘 놓는 기술은 왜 중요할까? 소액 투자자에게 전세를 잘 놓는 기술은 여유자금을 많이 확보할 수 있는 능력을 의미한다.

또한 장기 보유를 목적으로 여러 채의 물건을 돌리려고 하는 투자자에게는 리스크를 관리할 수 있는 요소라고 할 수 있다.

전세금이 내가 원하는 만큼 들어오지 않으면 추가 매수에서 자금이 엉킬 수 있다. 전세 세입자의 퇴거가 삐그덕거리거나 세입자와 문제가 발생하면 전세 갱신 과정에서 원치 않는 결과를 얻고 감정 낭비까지 할 수 있다. 전세 잘 놓는 기술을 고민하기 전에 전세 놓는 기술을 전략으로 바꿔서 전세전략을 실전에 활용할 수 있는 타이밍에 대해 정리해야겠다. 전세전략을 극대화할 수 있는 '골든 타임'은 새로 매수해서 계약을 하고부터 잔금을 치를 때까지의 시간이 될 것이다. 전세를 갱신할 때는 전세 기간 2년이 만기되기 6개월 전부터 전세를 갱신할 것인지, 갱신권을 쓸 것인지, 아니면 퇴거할 것인지를 결정해야 한다. 자진 퇴거를 한다면 다음 새 세입자에게 전세를 놓는 과정까지 포함된 기간이 전세의 '골든 타임'이다.

첫 번째로 정상 입주 물건을 매수했다고 하자. 전세를 새로 놓는 과정에서 과연 이 골든 타임에 어떤 전략을 활용해야만 좋은 조건으로 전세를 계약할 수 있을지 고민해봐야 한다. 새로 전세를 놓는데 여러 채의 물건을 매수했다고 가정하고 어떤 전략을 짜야 하는지 정리해서 몇 가지를 소개한다.

먼저, 전세 보증금 협상이나 세입자와의 줄다리기에서 유리한 위치를 선점하는 것이 중요하다. 가장 간단하게는 중개업소에 중개 수수료를 많이 내는 방법을 생각해볼 수 있다. 요즘 같은 전세 폭등장에는 좋은 전세를 놓으면 여유자금을 많이 확보할 수 있다. 중개업소에 중개 수수료를 추가로 지불하면서 원하는 전세가의 가이드라인을 정확히 제시해보자. 목표의식이 없는 동기부여는 아무런 의미가 없다.

한 중개업소에 전세 물건을 여러 채 몰아주는 것도 좋은 방법이다. 한번 협상을 부탁해서 성과가 좋으면 같은 지역의 물건 여러 채를 한 중개업소에 맡길 수도 있다. 지역에 따라서는 모든 중개업소 물건이 오픈 소스로 공유되기도 하지만, 전세 물건은 대부분 매매계약을 한 중개업소에서 직접 확보한 전세 수요자에게 자기 물건을 보여주는 방식을 채택하고 있다.

이런 경우에는 물건 여러 채의 전세가를 모두 동일하게 설정하자. 그리고 가장 급한 물건부터 가장 급한 전세 수요자에게 보여주는 방식을 선택해보자. 내가 보유한 여러 채의 물건 중에서 상태가 가장 안 좋은 물건과 그보다는 상대적으로 상태가 좋은데 급한 물건을 선택적으로 보여주는 전략이다. 또는 타인 소유의 전세 설정 물건 중에 내 급한 물건보다 상태가 안 좋은 물건과 내 물건을 같이 보여주는 방식도 있다. 급한 전세 물건부터 좋은 가격에 성사되도록 선별적으로 보여주는 전략을 중개업소와 같이 수립해서 진행하는 것도 나쁘지 않은 방법이다.

내 물건 중에서 안 좋은 물건을 일부러 다른 중개업소에 넘겨주는 방식도 있다. 전세 수요자가 전세 물건 중에서 내 물건이 비교우위에 있다고 느끼게끔 미리 전략을 짜야 한다. 물론 이러한 전략을 짜기 위해서는 중개업소와 가까워지는 것이 기본 조건이다. 여러 채의 물건을 모두 한 중개업소에 맡겨야 한다. 이들 물건이 모두 목표한 전세가에 도달하면 추가로 보너스 수수료를 지불하는 방식을 적용한다. 특히 장기적으로 추가 매수와 추가 전세 설정을 모두 한곳에서 하는 식으로 중개업소와 오랜 신뢰관계를 형성할 필요가 있다.

물론 전세 세입자가 원하는 지점을 미리 알고 맞춰주는 것도 중요한 포인트다. 세입자가 원하는 전세 보증금을 미리 파악하고 세입자가 원하는 조건을 정리해봐야 한다. 가령 초품아를 원하는 전세 수요자가 있다면 보유한 물건 중에 초등학교에서 가장 가까운 물건을 중개업소를 통해 제시한다든지, 혹은 확장형을 원하면 확장형 물건을 미리 준비해서 추가로 디테일한 니즈를 맞춰주는 것이 중요하다. 요즘같이 전세 매물의 씨가 마른 상황에는 세입자가 원하는 포인트 중 몇 가지만 맞춰줘도 생각보다 좋은 가격에 전세를 놓을 수 있으므로 별거 아니라고 생각하는 부분도 맞춰주는 세심함이 필요하다.

LED 조명을 갈고 싶다든지 화장실을 수리하고 싶다든지 도배를 새로 하고 싶어서 추가 비용이 들어가게 되더라도 처음부터 그 비용만큼 더 붙여서 부르지 말고 최소한의 가격으로 맞춰준다고 하면서 전세 수요자를 이 물건에 집중시켜야 한다.

전세를 놓을 때는 항상 가장 낮은 가격에 매매해서 시세보다 높은 가격에 전세 놓는 방법을 연구해야 한다. 전세 수요자는 자신의 조건에 맞는 물건을 제한적으로 보기 때문에 결국 5채 이내의 전세 물건이 경쟁하게 된다. 그렇다면 그중 가장 돋보이기 위해 어떤 노력을 해야 할까? 바로 중개업소와의 소통이 중요하다. 전세 수요자의 특징을 미리 파악하는 것이 핵심이므로 중개업소와 충분한 대화를 나눠보자. 일단 백색 조명, 도배, 신발장 수리. 유리창 청소, 문고리 교체 그리고 화장실 변기나 욕조를 수리하는 것이 가성비가 좋다. 전세 수요자는 실거주에 직접적인 영향을 미치는 포인트를 살펴보기 때문에 생각보다 많은 아이템을 고려하지 않는다. 그래서 임장 시에 전세 세입자의 체크 포인트를 파악해서 원 포인트 수리를 해주는 것이 중요하다. 앞서 언급한 아이템들은 비용이 생각보다 많이 들지 않는다. 전세 수요자가 임장할 경우에는 아무래도 빈집이 다른 세입자가 살고 있는 집보다 상당한 메리트를 가지기도 한다.

도배나 조명은 최대한 화이트로 맞추는 것이 좋다. 그래야 넓어 보인다. 신발장은 깔끔하게 수리한다. 문고리도 주택의 상태를 결정짓는 요소 중 하나다. 문고리만 바꿔도 집이 엄청나게 깔끔해 보이는 효과를 얻을 수 있다. 유리창 청소 역시 비용을 들이지 않고 큰 효과를 얻을 수 있는 아이템이다. 화장실을 수리할 때는 도매로 미리 자재를 구매하고 화장실 수리 전문 인부를 따로 고용하는 것이 비용을 아끼는 방법이다. 인부는 그 동네 철물점에서 가장 저렴하게 알아볼 수 있다. 인테리어 업체는 비싸기 때문에 하자 보수를 목적으로 불러야 저렴하게 인건비를 협상할 수 있다. 더러워질 가능성이 크고 빈번하게 사용하는 공간을 가장 눈여겨볼 수밖에 없는 것이 사람 심리여서 화장실이나 싱크대를 수리해주면 큰 효과를 거둘 수 있다.

이런 식으로 전체 콘셉트를 화이트로 맞춰 수리해서 빈집을 보여주면 저층도 시세보다 2,000만 원은 높게 받을 수 있다. 전세 세입자에게 전세금은 어차피 돌려받을 돈이라는 인식을 심어주는 것이 협상에 생각보다 큰 영향을 미치기도 한다. 여기서 포인트는 이전 세입자의 짐을 미리 빼는 데 비용을 보태주는 것이다. 수리나 인테리어 공사를 하게 되면 생각보다 많은 시간이 소요될 수 있기 때문에 이전 세입자의 짐을 먼저 빼는 대신 보관에 드는 서비스 비용이나 이사 비용 일부를 지불하는 것도 한 방법이다. 나는 이런 방법으로 시세보다 높은 금액에 전세를 설정한 경험이 있다.

다른 전세 물건 옵션에 관심을 갖기 전에 희망사항을 모두 맞춰주고 나서 내가 원하는 가격을 제시하면 전세가가 생각보다 높더라도 협상이 가능할 것이다. 요즘 같은 상황에서는 세입자의 니즈를 맞춰주고 가격을 올리면서 보증금은 돌려받는 돈이라는 점을 강조해야 한다. 그러면 의외로 생각보다 좋은 가격에 전세를 놓을 수 있다. 설혹 이 방법이 실패하더라도 내 물건에 투자한 금액은 결국 좋은 전세금으로 돌아오기 때문에 절대 날아가는 돈이라고 생각할 필요가 없다. 어차피 세입자가 사용해서 소모되는 아이템이라고 해도 사소한 배려가 내가 희망하는 전세계약으로 유도하는 데 큰 도움을 줄 수 있다.

전세 갱신의 골든 타임은 만기 전 6개월~2개월이다. 지금과 같은 폭등장에서는 최대한 전세를 새로 놓는 방향으로 전세 세입자와 협상하는 것이 중요하다. 주택 임대사업자로 등록된 물건이라면 지금 시세대로 전세를 놓고 싶어할 것이다. 주임사(주택 임대사업자)를 자진 말소해야 하고, 그러려면 세입자의 동의서가 필요하기 때문이다. 세입자가 자진해서 퇴거하면 쉽게 동의서를 써주겠지만, 그렇지 않은 경우에는 세입자와 퇴거 문제를 놓고 좋은 방향으로 대화를 풀어나가는 것이 중요하다. 실거주로 해당 물건에 들어가고 싶다는 의견을 타진하고, 허심탄회하게 협상을 진행해야 한다.

세입자도 요구사항이 있을 것이다. 또한 개인 상황이 있을 것이기에 상식적인 선에서 서로 원하는 사항을 최대한 맞춰주는 방향으로 이야기를 풀어나가는 것이 중요하다. 나에게 절실한 이슈도 분명히 전달해야 한다. 다주택자에게 절실한 이슈는 투자금을 확보하는 일일 것이다. 전세 세입자로서는 전세가 상승이 가장 큰 문제일 것이다. 서로 다른 입장을 인정해야 객관적이고 냉정하게 대화할 수 있다.

전세 갱신의 골든 타임인 계약 만기 6개월 전에 세입자가 쓸 수 있는 전세 갱신권 카드에 어떻게 대응할 것인가를 고민해야 한다. 일단 내가 추가로 매수할 물건의 투자 규모를 판단해보자. 여유자금이 조금 확보되어 있다면 어차피 퇴거 시에 시세 대비 낮게 조정됐던 전세가를 시세대로 책정할 수 있다. 또는 조정기가 오면 전세금을 돌려줘야 하는 상황을 미리 대비한다는 생각으로 시세 대비 조금 낮은 금액으로 계약하는 것도 나쁘지 않다고 생각한다.

전세 갱신을 협상하기 위해서는 6개월~2개월 전부터 모든 경우의 수를 둘러싼 계산이 끝나 있어야 한다. 추가 매수나 투자에 융통할 자금계획을 세워놓아야 한다는 말이다. 만기 2개월 전 혹은 1개월 전까지 아무런 연락이 없으면 묵시적 전세 갱신으로 간주되어 전세금을 올릴 수 없으므로 주의해야 한다.

사실 요즘처럼, 그리고 앞으로 당분간 계속될 이런 전세 상승장에서는 사용할 수 있는 자금을 최대한 많이 확보해야 한다. 그러므로 골든 타임을 사수하며 좋은 방향으로 대화를 유도해서 이상적인 전세 갱신 계약 혹은 신규 계약을 이끌어내는 것이 중요하다. 일단 퇴거를 위해 세입자의 요구사항을 미리 파악해야 한다. 내가 할 수 있는 부분은 최대한 맞춰줘서 퇴거 의지를 확인하는 것(문자나 카톡 증빙)이 좋다. 요즘에는 전세 매물이 많지 않고 가격이 비싸서 시세보다 낮은 전세 물건은 금방 나간다. 세입자가 전세 매물을 알아볼 때 좋은 물건이 있으면 추천하는 것도 한 방법이다. 하지만 집주인이 나가라고 무리해서 재촉하면 세입자가 임대인의 의도를 의심할 수 있다. 그래서 스스로 알아보도록 시간을 줄 필요가 있다. 세입자가 전세계약을 위해 계약금 10퍼센트를 먼저 요구하기도 하는데, 여유 자금이 있으면 계약금을 먼저 주고 퇴거시키는 것도 한 방법이다.

여기서 주의할 점은 상대방이 다른 전세 물건을 계약하면 빠른 시일 안에 전세 보증금을 모두 내줘야 한다는 것이다. 그래서 퇴거할 물건에 전세를 놓아서 자금을 마련해놓아야 한다. 다만 이럴 경우에는 계약금을 미리 빼줘야 해서 자금이 필요하다고 다음 세입자에게 먼저 양해를 구해야 한다. 서로가 원하는 방향을 놓고 솔직하게 소통하는 것이 중요하다. 서로 합의한 사항은 문자나 녹취를 남겨놓아야 향후에 문제가 생겼을 때 방어할 카드를 확보할 수 있다는 점도 참고하기 바란다.

7장.
저평가 지역을
찾는 방법

부동산 연쇄 상승 반응의 법칙: 저평가 갭은 메워진다

앞에서 여러 번 언급한 부동산 연쇄 상승 반응의 법칙이란 정확히 무엇이고 언제 적용될까? 그리고 부동산 시세의 등락을 예측하는 데 어떤 역할을 할까?

이 질문의 답을 찾기 위해서는 부동산 열전도의 법칙을 다시 떠올려보아야 한다. 열전도의 법칙과 연쇄 상승 반응의 법칙 사이의 차이점을 알게 되면 그 의미와 역할을 잘 이해할 수 있기 때문이다.

다음 표를 참고해서 쉽게 설명하면 열전도의 법칙은 A라는 개발이 가장 가까운 대장아파트 단지의 시세에 상승요인으로 작용하는 현상 자체를 말한다. 그 상승요인이 근처에 있는 오산 원동 미소지움 단지에 열이 이동하듯이 전도되어 시세가 상승하게 된다는 법칙이다.

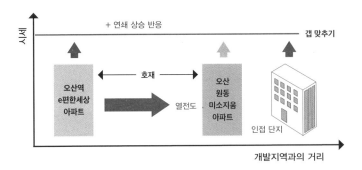

부동산 연쇄 상승 반응의 법칙 예시

　여기서 연쇄 상승 반응의 법칙은 이렇다. A라는 개발의 열이 전도되어 대장 수혜 단지인 (A) 단지의 시세가 상승한다. 그 열의 일부가 전도되어 인접 단지인 (B) 단지의 시세가 (A) 단지의 상승률보다는 낮은 비율로 상승하는 결과(반응)가 발생한다. 그 열의 일부가 외부 에너지를 통해 저평가된 단지인 (C) 단지로 전도되어 시세가 상승하는 반응을 보이게 된다. 이때 열이 덜 전달된 저평가 단지들의 시세가 갭을 맞추는데, 이 현상을 '**부동산 연쇄 상승 반응의 법칙**'이라고 한다.

프랜차이즈로 보는 저평가 지역

　부동산 연쇄 상승 반응의 법칙에서 핵심은 '저평가' 지역이 연쇄 상승 반응을 통해 갭을 메운다는 사실이다. 이때 개발 호재 지역에서 조금씩 거리가 멀어질수록 지역의 상승률은 조금씩 줄어든다. 하지만 결국에는 갭이 메워져서 꽤 괜찮은 수익률이 보장된다는

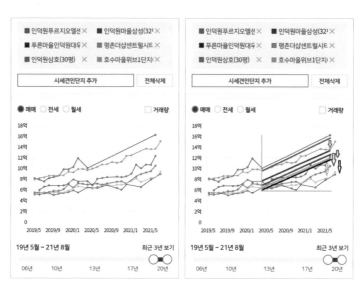

인덕원, 평촌, 의왕 아파트 시세 비교[출처: 아파트 정보 플랫폼 아실앱(APP), www.asil.kr 2021
년 8월 9일]

점에 주목해야 한다. 앞에서 언급한 골든 타임의 법칙에 따라서,
개발 호재가 발표되면 가장 인접한 최고의 수혜 단지가 이 호재를
시세에 흡수한다. 얼마 후에는 근접 단지들이 따라서 오른다. 그러
므로 나머지 근접 단지가 오르기 시작하기 전에 가장 수혜를 많이
입을 것으로 예상되는 단지를 골라서 선점하는 것이 투자의 핵심
포인트다.

저평가된 지역을 탐색하려면 먼저 최대 수혜 단지의 개발 호재
단계별 상승폭을 계산해봐야 한다. 이해를 돕기 위해 GTX-C 노
선이 확정된 2021년 6월을 기준으로 해당 지역에 GTX 역이 추
가될 만한 잠재적 가능성이 언급되기 시작하던 시기를 살펴보자.

2020년 5월부터 1년 동안 인덕원 푸르지오엘센트로의 시세에 호재 기대감이 반영되기 시작했다. 이 시기에 엘센트로 단지에서 보이던 상승 기울기(상승률)를 측정하고, 이 기울기를 인접한 다른 단지들과 비교했다(항상 호재를 가장 많이 흡수하는 것은 호재의 최인접지 중에서 가장 신축인 브랜드 대단지라는 전제를 설정했다).

그 결과, 앞의 그래프처럼 해당 시기에 다른 단지의 시세 변동폭은 인덕원 푸르지오엘센트로의 기울기에 못 미치는 것으로 나타났다. 이는 인덕원 푸르지오엘센트로가 GTX 관련 호재의 수혜를 가장 많이 입었다는 뜻이다. 이 호재의 열(상승세)이 부동산 열전도의 법칙에 따라 근처 단지들로 전도되어 다른 단지들의 시세도 '부동산 연쇄 상승 반응의 법칙'에 따라 가파른 상승세를 보였다. 하지만 푸르지오엘센트로의 상승률에는 미치지 못했다. 반드시 상승률의 순위가 푸르지오엘센트로 혹은 역 예정지와 거리상 인접한 순서대로 높은 것은 아니었다. 연식이나 세대수 혹은 그 단지가 자체적으로 품고 있는 상승요인에 따라 상승률의 폭이 달랐다.

여기서 주목할 점은 상승요인이 작용해서 가장 수혜를 많이 받는 단지는 개발 호재와 가장 인접한 단지가 아닐 수도 있다는 것이다. 다른 여러 요인(연식이나 평판, 단지 규모와 기타 브랜드의 인지도 등)이 복합적으로 작용해서 호재에 따른 시세 상승폭이 결정된다. 또한 그래프에 나타나듯이 대장단지를 기준으로 다른 단지들의 시세가 시간차를 두고 갭을 메우는 현상을 발견할 수 있었다. 이를 바탕으로 우리는 상대적으로 호재가 늦게 반영되는 저평가 단지를 찾아서 투자하는 전략이 수익률을 높이는 방법이라고 결론 내릴 수 있다.

저평가는 시세가 호재를 흡수하는 반응이 다른 단지에 비해 시간적으로 늦는 현상이다. 앞서 설명한 대로 매수에는 골든 타임이 존재하며, 이 골든 타임을 예측하고 더 빨리 들어가야만 수익률을 벌 수 있다는 점을 항상 유념해야 한다.

압구정8학군의 투자노트 ✎

상승요인이 작용해서 가장 수혜를 많이 입는 단지는 그 개발 호재와 가장 인접한 단지가 아닐 수도 있다. 다른 여러 요인(연식이나 평판, 단지 규모와 기타 브랜드의 인지도 등)이 복합적으로 작용해서 호재에 따른 시세 상승폭이 결정된다.

대장단지를 기준으로 다른 단지들의 시세가 시간차를 두고 갭을 메우는 현상이 나타나므로, 상대적으로 호재가 늦게 반영되는 저평가 단지를 찾아서 투자해야만 수익률을 높일 수 있다.

추가 상승 여력이 있는 저평가 지역 찾기

투자의 효율성을 극대화하려면 '골든 타임의 법칙'과 '세포분열의 법칙'을 장착해야 한다. 이를 위해서는 아래 사항을 복기하고

초심으로 돌아가서 자신의 현재 위치를 객관적으로 바라볼 필요가
있다.

---

1. 현재 물건지 정보(물건 개수)

2. 타깃으로 삼는 물건지 정보

3. 매도나 매수를 원하는 물건지 정보

4. 매도나 매수를 원하는 이유

5. 기타 대출, 세금이나 법무 문제

6. 개인의 특수 상황

위와 같이 스스로 체크 리스트를 만들어보자. 추가로 투자할 것
인지 아니면 부동산이 아닌 다른 곳에 투자해서 추가 투자금을 마
련할 것인지를 두고 여러 가지 선택지를 고민해보자. 이 선택지 가
운데서 내가 기회를 놓치면 후회할 옵션을 하나씩 체크해 나가보
자. 그러면 후회를 남기지 않는 투자를 위한 마음가짐이 바로 서게
된다. 여기서 스스로 냉철하게 내가 보유한 총알(자금)과 무기(월급
혹은 연봉)의 파괴력 등을 면밀히 살펴보자. 준비를 끝내고 전쟁을
위한 전투지를 살펴보는 과정으로 넘어가면 효율적인 투자계획을
세울 수 있을 것이다. 내가 소액 투자 아파트를 찾는 우선순위 지
역의 가이드라인을 예시로 공유하겠다.

• 1순위: 수도권 1기 신도시 가운데 상승 여력이 있는 곳

- 2순위: 수도권 2기 신도시 및 중간 규모(40만 명) 이상 도시들 (위성도시 포함)
- 3순위: 호재가 있는 수도권 지역(수도권의 30~40만 명 이상 도시들)
- 4순위: 호재와 호재 사이에 낀 지역(호재의 징검다리)
- 5순위: 지방 권역별 핵심 도시들(도청 소재지)
- 6순위: 지방도시 중 개발 호재 지역
- 7순위: 중소도시(교통 호재가 있는 길목에 위치)

1순위에 1주택을 소유하고 있다면, 2순위 이하의 선택지로 투자 대상을 넓힐 때 초기 관심 지역을 설정하는 데 필요한 여러 가지 기준을 정해보자. 막연한 불안감과 투자 실패에 대한 두려움 때문에 사실 모르는 지역에 투자하기란 쉬운 결정이 아니다. 그래서 나는 부동산 입지에서 가장 중요한 유동인구와 유동성과 지역 상권 내 소비 파워 등을 분석하는 일이 중요하다고 강조하고 싶다.

이들 지역 인구의 소비 규모와 평균 임금 등이 해당 지역의 부동산 상승으로 직결될 수 있다. 전국장에서는 우리가 이렇게 광범위한 지역의 데이터를 수집하는 일이 현실적으로 불가능하다. 이럴 땐 대기업에서 기존에 분석해놓은 빅데이터를 가지고 내린 투자 결정을 분석해보자. 대기업이 상권을 분석한 결과 가운데 부동산 가격에 영향을 미치는 요소만 발췌하면 부동산 투자에 큰 도움이 될 것이다.

나는 대기업 중에서 롯데, 신세계, GS나 CJ처럼 리테일 및 유통 사업을 오랫동안 펼쳐온 기업들을 분류해보았다. 점포 입지로 선정할 만한 투자지 결정에 필요한 데이터 수집과 관련해 각 기업 담당자에게 자문을 구했다. 그러고 나서 투자지 선정에 가장 중요한 소비층과 유동인구 분석 결과를 집중적으로 비교 분석했다.

그 결과, 다음과 같이 분석 과정을 차트로 만들어볼 수 있었다. 부동산을 구매하는 주요 신규 구매층은 20대와 30대라고 전제했다. 20대와 30대의 소비 패턴을 가장 심도 있게 분석하기 위해 이 나이대가 많이 소비하는 프랜차이즈를 보유한 CGV와 스타벅스의 입지 선정 공식을 연구했다.

1. 20대 & 30대 매수세 증가
2. 전국적인 상승장
3. 소액 투자 및 다주택자 포지션
4. 정권 임기의 마지막 정치적 특징과 선거철 개발 호재
5. 젊은 층의 소비 패턴 분석과 부동산 투자
6. 젊은 층이 선호하는 신축+대단지+새로운 트렌드에 따른 생존시설(마트 등 필수 시설)

이러한 포인트를 머릿속에 장착하고 부동산의 트렌드를 예측해 보자. 여기서 주의해야 할 핵심 사항을 몇 가지 항목으로 나눠 다시 설명하면 다음과 같다.

1. 자기만의 철학이 없는 남들이 말하는 똘똘한 한 채에 대한 미련은 진작에 버려라.
2. 아파트의 전국적인 상승으로 인해 상급지와 하급지의 의미가 점점 퇴색하고 있다. 전국구 핵심지가 아니라 지역 권역별 '나름의' 핵심지를 타깃으로 삼아서 갭이 적은 물건을 확보하라.
3. 신축, 대단지, 교통이 세 가지만 보고 일단 첫 번째 단지를 물색한다.

해당 아파트 주변 1킬로미터에 스타벅스가 몇 개 있는지, 근방 5킬로미터에 CGV나 롯데시네마 혹은 메가박스가 몇 개 있는지 확인하라. 전세는 결국 현재 가치고 매매가는 미래 가치다. 현재 가치의 핵심 요소 가운데 하나는 상권이고 유동인구다. 역세권이 진리라는 말도 맞지만, 2030이 매수세에 큰 영향을 끼치는 요즘 같은 시장 트렌드에서는 '더 중요한 문화시설이나 프랜차이즈 개수를 세어보는 것도 저평가된 단지를 탐색하는 데 중요한 단서를 제공한다'. 유통 강자인 신세계 그룹이나 프랜차이즈 왕국 CJ의 계열사가 몇 개인지 살펴보고 물건을 비교해서 갭 투자를 결정하라. 마지막으로 이사철을 미리 계산해서 잔금일을 맞추고, 잔금일을 최대한 늦춰서 전세금을 최대한 많이 확보해 갭을 줄여라.

결국 갭 투자는 내재적 가치를 측정하는 능력이며, 얼마나 전세가율을 높이고 얼마나 안정적으로 전세계약을 성사시키느냐에 성패가 달려 있다.

국내에서 가장 큰 영화관 체인인 CGV가 입점할 때 CJ 그룹의 다른 프랜차이즈(빵집, 커피숍, 레스토랑)의 매출을 먼저 분석한다는 사실을 파악했다. 그리고 유통의 1인자 신세계 그룹이 스타벅스의 입점지를 결정할 때 해당 건물의 유동 인구, 위치, 역세권과의 거리 그리고 상권을 분석한 결과가 중요한 영향을 끼친다는 사실을 알아냈다.

이러한 데이터베이스의 분석 결과는 상당히 흥미로웠다. 스타벅스나 각종 프랜차이즈의 입점지 결정에 필요한 조건들을 파악해보았다. 그리고 그 주변 부동산을 매수하는 젊은 층의 투자 결정조건들과 일치하는 부분이 많다는 점을 발견했다. 다만 시대적 특징으로 인해 영화관의 입지만으로는 현실적인 저평가와 고평가 여부를 판단하는 데 잠재적 오차가 있을 수 있다고 판단했다. 그래서 스세권(스타벅스에 인접한 입지)을 함께 분석해서 좀 더 현실적이고 정확한 측정도구를 고안해보기로 했다.

CJ 그룹은 프랜차이즈 왕국이라고 알려져 있다. 그래서 철저하게 매출 추이를 분석한 데이터를 수집하고 정보력을 토대로 프랜차이즈 매장 입점지를 결정할 거라고 가설을 세웠다. CJ 그룹은 해당 지역의 소비 패턴을 정확하게 분석할 수 있는 데이터를 보유하고 있을 것이다. 추가적으로 스타벅스를 비롯해 이마트 체인과 스타필드 그리고 많은 편의점을 보유한 신세계 그룹은 젊은 층 유동 인구가 많은 상권을 파악하는 데 중요한 데이터베이스를 다양하게 보유하고 있을 거라고 가설을 세웠다. 즉, CJ 그룹 계열 프랜차이즈나 영화관 그리고 스타벅스의 입점지를 파악하고, 젊은 층 인구의 흡수력과 젊은 층이 선호하는 상권을 분석하면 최근 주요 부동산 구매층인 2030의 니즈를 파악하는 데 중요한 단서를 제공할 것이라고 가설을 세웠다

　이렇게 가설과 논리를 세우고 분석한 후에 초기 투자지를 선정하기 위한 가이드라인을 설정했다. 바로, [지방/수도권 CGV 혹은 스타벅스 입점지+신축+브랜드 대단지+젊은층 인구 증가율과 전입율이 높은 곳]이었다. 참고로 CGV 분석법은 펜데믹으로 인한 폐점이나 기타 영화관의 매출과는 무관하게 영화관이 입점할 당시의 해당 지역에 있는 다른 프랜차이즈들의 매출과 유동인구를 분석한 결과물을 내가 부동산 투자 트렌드에 대입해 얻은 결과다.

　가설은 이렇다. 5년을 기준으로 몇억이 오를지는 1킬로미터 이내 있는 스타벅스 개수와 5킬로미터 이내에 있는 CGV 영화관 개수가 결정한다. 여기서 1킬로미터 근방의 스타벅스 개수+5킬로미터 근방의 CGV 개수를 공식에 대입해 얻은 적정 상승분의 결과값이 실제 상승분보다 높으면 저평가된 아파트라고 가설을 세웠다. 이와 반대로 적정 상승분의 결과값이 실제 상승분보다 낮으면 상승지수가 충분히 반영되어 고평가된 아파트라고 가설을 세웠다

　전제는 두 가지다. 첫째, 부동산 시장은 향후 5년 동안 크게 하락하지 않는다. 둘째, 기존 상승 관련 입지를 결정하는 요소들은 동일하게 적용하고, 추가 호재나 가격에 충격을 미치는 기타 외부 변수는 최소화한다(0에 수렴).

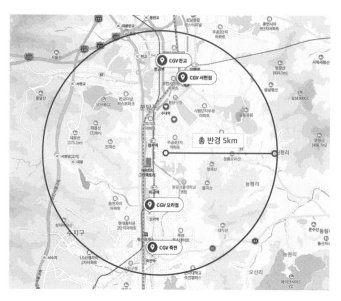

정자동 상록마을 라이프아파트 5킬로미터 근방의 CGV와 1킬로미터 근방의 스타벅스
(출처: 네이버 지도, 2021년 8월 9일)

내가 쌓은 경험을 바탕으로 분석해 세운 공식은 다음과 같다.

> 적정 상승폭(단위: 억) = 5km 근방의 CGV 개수 n×1.5+1km
>
> 근방의 스타벅스 개수 m×0.5
>
> (*이 책의 모든 공식은 필자가 경험과 분석을 통해 만들어낸 방식이다.)

첫 번째 예시는 정자동 상록마을 라이프아파트다. 평균가는 2016년 8월 5억 9,000만 원에서 2021년 9월 14억 9,000만 원으로 올라서 총 9억 원가량 상승했다. 정자동 상록마을 라이프아파트 근방 5킬로미터 이내에 있는 CGV 개수는 4개, 1킬로미터 근방의 스타벅스 개수는 6개(스타벅스 정자상떼뷰점, 스타벅스 정자역점, 스타벅스 정자점, 스타벅스 정자동점, 스타벅스 정자아데나점, 스타벅스 분당 이마트점)다.

CGV 4개×1.5억 원+스타벅스 6개×0.5억 원

6억+3억=9억 원(오차 0)

물건 매수를 위한 비교 분석 공식에 활용한 스타벅스와 CGV는 젊은 층의 소비가 압도적으로 많은 프랜차이즈다. 비록 시대적 특징으로 인해 영화관의 직접적인 수요와 유동인구는 줄었지만, 근방의 유동인구를 분석한 데이터를 기반으로 해서 CGV의 입주를 결정했다고 볼 수 있다. 그래서 감소한 현재 유동인구보다 입점을 결정할 당시의 유동성이 중요한 요소라고 판단해서 앞의 공식에 적용했다.

이 공식의 도출 과정과 분석 프로세스를 응용해서 다양한 계수와 변수를 대입해보자. 다양하게 샘플 수를 늘려서 공식을 다듬어 나가면 의미 있는 추가 상승률 데이터를 얻을 수 있을 것이다.

상대적으로 프랜차이즈 개수가 적은 인구 50만 명 이하의 지방인 경우에는 CGV와 스타벅스를 대체하는 방법으로 다양한 옵션을 만들어볼 수 있다. 즉, CGV 대신 다른 영화관을 대입하거나 혹은 스타벅스 대신 투썸플레이스 등의 커피 프랜차이즈를 대입하는 방법이 있다. 다만 이런 경우에 공식에 들어가는 계수는 다음과 같이 달라진다.

(인구 50만 명 이하의 지방도시)

근방에 CGV와 스타벅스가 있을 경우

5년 적정 상승폭(단위: 억) = 5km 근방의 CGV 개수 n X 1.2 + 1km

근방의 스타벅스 개수 m X 0.3

근방에 CGV와 스타벅스가 없을 경우

5년 적정 상승폭(단위: 억) = 5km 근방의 영화관 개수 n X 0.8 +

1km 근방의 커피 프랜차이즈 개수 m X 0.3

(*모든 공식은 필자가 경험과 분석을 통해 만들어낸 방식이다.)

단, 커피 프랜차이즈의 경우에는 300개 이상의 체인이 있는 브랜드여야 하고, 편의점은 공식에 적용할 수 없다. 물건이 위치한 지점에서 일정한 거리 안에 입점된 점포 수를 각 프랜차이즈 점포 분석법에 대입해보자. 그러면 부동산 물건에 내재된 입지의 가치(주거 기능 포함)와 외부인이 바라보는 3인칭 관찰자 시점의 투자 가치를 비교 분석할 수 있어, 해당 부동산의 가치가 저평가되었는지, 아니면 이미 모두 가치에 반영되었는지 파악할 수 있다. 즉, 5년간 적정 상승폭을 계산해서 5년 전 가격에 더하면 현재 가치에 대한 객관적인 가이드라인이 나온다. 이 수치보다 현재 시세가 낮게 형성되어 있으면 매수해도 나쁘지 않다.

저평가 투자처 탐색 기법

가이드라인을 어떻게 설정해서 물건을 탐색하느냐는 개인의 필요에 따라 달라질 수 있다. 일단 상승 여력이 있는 지역을 선정하려면 어떤 원인으로 부동산이 상승하는지 천천히 하나씩 따져보아야 한다. 거시적인 관점에서 보면 유동성 폭발은 부동산 상승에 긍정적인 영향을 끼친다. 통화량 증가, 특히 현금화할 수 있는 통화량의 증가는 부동산 시장으로 통화량이 유입되는 효과를 초래한다.

지역 관점에서 살펴보면 인허가 물량, 입주 물량, 미분양 물량 그리고 상권이나 유동인구는 해당 지역의 부동산 상승에 중요한 '시그널'이다. 이 시그널을 분석하면 집값 상승의 트렌드와 모멘텀을 예측할 수도 있다.

즉, 집값 상승에 영향을 미치는 중요한 요인들을 정리하면 매매 수요와 주택 공급량, 유동성과 통화량, 규제와 정책, 전세 수요(전세 증감률)와 전세가율, 심리지수와 인구 이동 그리고 개발 호재 등이다.

저평가된 지역이나 단지를 선정할 때 이들 요소를 하나씩 필터링해가며 물색하는 것이 정석이다. 우리는 부동산 시장을 분석하는 전문 애널리스트가 아니다. 하지만 내가 제시하는 법칙들을 장착하면 저평가된 단지나 물건을 '칼 타이밍'에 매수할 수 있다. 더욱이 투자의 골든 타임을 사수하고 열전도의 법칙과 연쇄 상승 반응의 법칙에 따라 상승세가 시세로 옮겨 타는 타이밍을 미리 예상하면 괜찮은 투자를 할 수 있다.

소액 투자의 핵심은 전세 보증금이나 전세 상승분을 최대로 설정해서 여유자금을 확보한 후에 추가로 매수하는 것이다. 따라서 다양한 지역과 수많은 단지 가운데서 저평가된 물건을 최대한 빨리 찾아야 하는데, 앞서 언급한 상승요인을 모조리 분석하다 보면 효율성이 떨어진다.

이런 이유로, 효과적이고 간결하며 단시간에 저평가된 지역을 탐색하고 선정할 수 있는 '저평가 투자처 탐색 기법'을 소개한다. 여기서 중요한 점은 지역별, 단지별로 비교 대조한 뒤에 핵심 요소만 뽑아서 분석하는 방식을 채택했다는 것이다. 앞서 설명한 포터의 5가지 경쟁요인도 분석에 적용해서 저평가된 지역을 찾아보자. 칼 타이밍에 바로 투자해야 하는 1억 원 이하의 물건 혹은 4억~5억 원대 미만의 저평가된 물건을 탐색한다면 효율적일 것이다. 마지막으로 투자 단지 가이드라인을 세워서 투자지를 정해보자. 최종 관심 단지를 2개로 압축해서 신축과 구축을 비교하고 전세가율과 갭비용을 분석해서 최종 투자 물건을 결정해보자.

앞서 언급한 집값 상승에 영향을 주는 요인들을 토대로 해서 소액 투자자를 위해 세 가지 구간(1억 원 이하, 1억 원 이상 4억 원 미만, 4억 원 이상 6억 원 미만)을 설정했다. 이 기준에 따라 투자 수익을 창출할 수 있는 지역을 선정해서 압축해놓은 지도를 공유한다. 이들 지역은 해당 구간에서 저평가된 괜찮은 물건들이 존재하는 곳이다. 물론 해당 지역에 투자한다고 해서 무조건 수익이 보장된다는 뜻은 아니다. 이들 압축된 지역을 중심으로 저평가된 곳을 선별하는 데에 내가 지금부터 소개하는 '**저평가 투자처 탐색 기법**'을 활용해보자. 이 기법으로 투자 단지를 선정한다면 부동산 열전도의 법칙과 연쇄 상승 반응의 법칙을 통해 정말 괜찮은 수익을 달성할 수 있을 것이다.

다음 세 지도에 표기된 투자 수익 창출 가능 지역 중에 **투자 개발 가능 지역**(Exploitation)**과 투자 탐사 지역**(Exploration)을 구분해서 몇몇 지역을 선정했다. 개발 가능 지역은 이미 수익성이 증명되었기 때문에 좌고우면하지 말고 좋은 물건이 출몰하면 우선 매수를 고려해야 하는 지역이다. 투자 탐사 지역은 어느 정도 잠재력이 있다고 판단되는 지역이다. 하지만 실질적인 개발이 확정되지 않아서 일정 정도 리스크를 품고 있고 '하이 리스크 하이 리턴'의 특징을 보이는 지역이기 때문에 밸런스를 위해 투자를 고민해볼 만

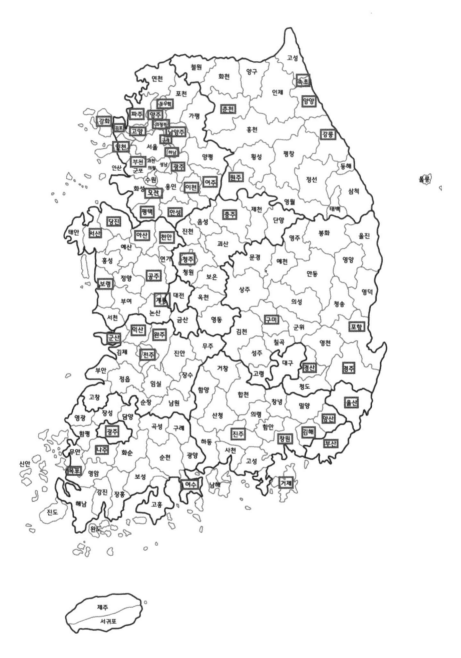

1억 원 이하 물건의 투자 수익 창출 가능 지역

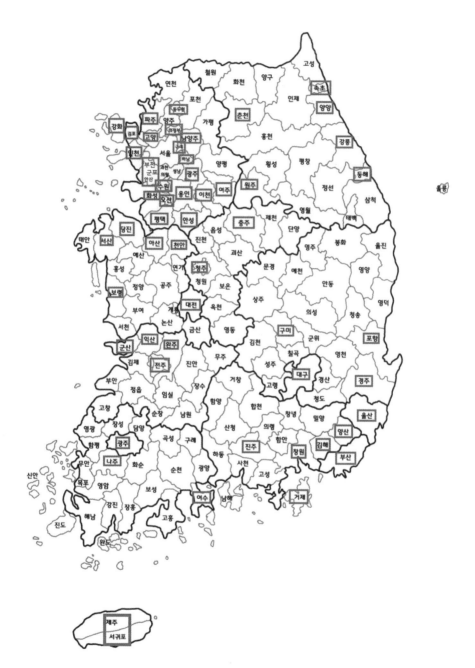

4억 원 미만 물건의 투자 수익 창출 가능 지역

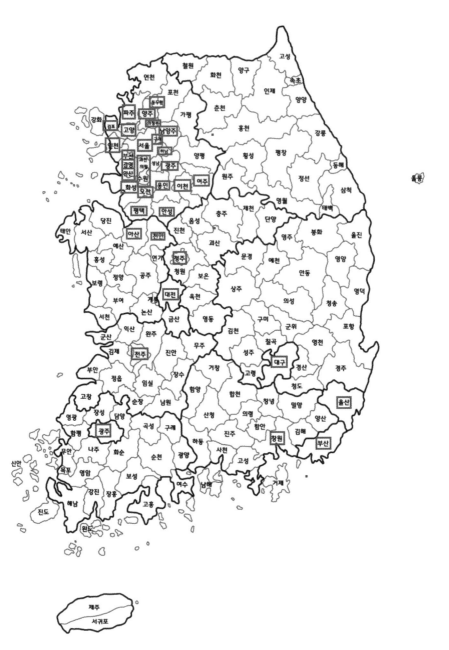

6억 원 미만 물건의 투자 수익 창출 가능 지역

하다.

투자처 탐색을 위한 매매가별 투자 물건 추천 지역

- 1억 원 이하 물건의 투자 개발 가능 지역: 오산, 평택, 의정부,
안성, 당진, 아산, 천안, 전주, 고양, 김포, 인천, 부천, 하남, 남
양주, 구리, 이천, 여주, 울산, 창원, 광주, 목포, 여수, 구미
- 1억 원 이하 물건의 투자 탐사 지역: 양주, 동두천, 당진, 서
산, 보령, 군산, 익산, 나주, 진주, 경주, 양산, 원주, 충주, 속
초, 양양, 강릉
- 4억 원 미만 물건의 투자 개발 가능 지역: 광주, 수원, 화성,
부산, 광주, 대구, 하남, 부천, 군포, 안산, 인천 송도, 인천 청
라, 수원, 고양, 구리, 구미, 청주, 대전, 제주, 서귀포
- 4억 원 미만 물건의 투자 탐사 지역: 거제, 춘천, 군산, 익산,
완주, 나주, 여수, 진주, 양산, 김해, 창원, 강화, 김포, 동두천,
의정부, 남양주, 속초, 양양, 동해, 원주, 여주
- 6억 원 미만 물건의 투자 개발 가능 지역: 서울, 부산, 대구,
광주, 대전, 천안, 청주, 아산, 평택, 수원, 과천, 의왕, 화성, 하
남, 울산, 전주
- 6억 원 미만 물건의 투자 탐사 지역: 위 지역들을 제외한 나머
지 표시 지역

소액 투자자용 저평가 투자처 찾기 예시

저평가된 단지를 찾기 위해서는 먼저 투자할 수 있는 자금을 설

정해야 한다. 그후에 갭과 매매가 구간을 정하고 취득세를 포함한 최종 투자금을 갭금액+취득세(가령 다주택자 구간인 12퍼센트라고 설정) 두 가지로 쪼갠다. 목표 지역을 설정하고 근방에서 다음과 같은 순서로 한 단계씩 진행해보자.

① 투자금 결정

이 시나리오에서는 투자금을 총 1억 원으로 설정했다. 이 금액은 각자 상황에 따라 결정하면 된다.

② 갭금액과 매매 대금 쪼개기

1억 원이라면 나는 갭 비용을 5,000만 원, 최대 취득세 비용을 5,000만 원으로 설정한다. 이는 본인의 투자 성향에 달렸다.

③ 투자 유망 지역 고르기

단기간에 많은 수익을 원한다면 투자 탐사 지역을 살피고, 장기간 안정적으로 리스크를 관리하고 싶으면 투자 개발 가능 지역을 물색한다. 후자에는 전세 수요가 안정적이라는 장점이 있고 전자에서는 매매가가 증폭할 가능성이 있다.

④ 입주 물량, 인구 증감, 거래량 그리고 전입량과 전출량으로 상호작용하는 도시 분석

나는 입주 물량과 인구 증감은 '아파트 정보 플랫폼 아실' 앱으로 본다. 거래량, 전입량과 전출량 및 상호작용 도시는 '부동산지인' 앱으로 분석한다.

⑤ 타깃 지역의 거래 강도 및 매수 타깃 연차 구간 설정

면적별 시세, 매매 강도, 전세 강도(전세가율 상위 지역 및 전세 시세 변동), 연차별 시세를 파악한다.

⑥ 추가 분류

매매가 4억~5억 원 미만의 물건과 1억 원 이하의 갭을 분류 필터에 놓고 호갱노노 앱으로 분류작업을 시행해서 해당 가격대를 만족하는 30평대 구축과 상대적 신축(준신축단지)을 최종 선정한다.

⑦ 마지막 분류 및 투자 물건 확정

이전 물건과 가장 유사한, 혹은 상호작용이 많은 지역의 매매가 4억 원 미만 물건을 비교해서 시세와 전세가율 그리고 상승 추이를 분석하고 향후 상승 여력이 있는지 혹은 저평가되었는지를 파악해 물건을 확정한다.

제2부

소액 부동산 투자 유망 지역

8장.
가격별
투자 유망 단지

전세가율 법칙: 투자의 '결정적 시그널'을 감지하라

앞 장에서 저평가되었거나 상승 여력이 있는 단지와 물건을 골라서 분류하는 방법을 사례를 들어 설명했다. 이를 통해 투자 선택지의 단지들을 추려보았다. 물론 자금 사정이나 투자 목적 혹은 취향에 따라 선택지는 달라질 수 있다. 하지만 최종 투자지는 '매수 가능한 물건' 중에서 현실적으로 상승 여력이 많고 내가 보유한 자금 여력에 부합하는 지역으로 선택하게 될 것이다.

이 과정에서 필요한 법칙이 바로 '전세가율의 법칙'이다. 사실 대한민국에 존재하는 수많은 아파트 단지와 물건 들을 모두 비교 분석할 순 없다. 내가 7장에서 소개한 저평가 투자처 탐색 기법을 활용하면 좋을 것이다. 이 기법을 통해 분류작업이 끝나면 세부 지역의 물건을 추려서 저평가된 지역을 찾아 최종 투자를 결정하면 된다. 이때 필요한 것이 바로 '적정 전세가율'을 분석해서 상승 여력을 판단하는 일이다. '전세가율의 법칙'을 머릿속에 항상 장착하고 물건의 저평가 여부를 분석하면 간편하게 저평가 여부를 측정할 수 있을 것이다.

더불어, 관심 지역과 포트폴리오를 짜는 데 참고할 만한 투자 지역을 예시로 들어 저평가된 지역별 단지의 리스트를 제공하겠다. 이를 통해 독자 개개인의 자금 상황과 취향에 알맞은 물건을 물색하는 데 도움이 될 만한 정보를 공유한다.

전세가율 법칙의 원리와 공식

전세가율의 법칙을 설명하기 전에 전세가가 형성되는 과정을 다시 정리해보자. 앞서 설명했다시피 전세가는 현재 가치를 가장 잘 나타내는 지표다. 즉, 실거주하는 점유자가 그 공간과 입지의 혜택을 누릴 수 있는 현재 가치다.

세입자는 그 공간의 거주 기능과, 그 입지에 거주하면서 누리게 되는 인프라의 가치를 판단한다. 가령 현재 교통 상황에서 직장까지 얼마나 시간이 소요되는지 등의 가치를 객관적으로 판단하는 것이다. 그래서 **전세가는 매매가에 비해 거품이 있을 확률이 적다.** 즉, 같은 전세가의 다른 단지 혹은 물건과 냉철하고 객관적으로 비교되기 때문에 해당 물건의 상대적 가치 혹은 실제 가치를 가장 잘 표현하는 지표라고 하겠다.

따라서 전세가율이 높은 현상은 거품이 적고 매매가를 아래서 밀어올리는 힘이 탄탄하다는 의미로 해석할 수 있다. 이는 매매가가 추가로 상승할 여력이 있다는 뜻이기도 하다. 미래의 호재에 대한 기대감이나 향후 가치에 대한 평가가 반영된 매매가는 호재가 실현될 가능성도 불확실한 데다 시세에 얼마나 반영될지를 바라보는 시각에 따라 달라질 수 있다. 결국 일정 정도 거품이 있을 수 있다는 말이다. 여기서 거품이 얼마나 끼어 있는지를 판단하는 기준이 전세가율이다. 결론적으로 전세가율이 낮으면 전세가가 매매가에 비해 낮게 형성되어 있다는 뜻이어서 향후 개발 호재에 대한 기대값이 반영되어 거품이 있을 가능성이 생긴다.

그렇다면 전세가율은 어떤 기준으로 판단할 수 있을까? 그리고 전세가율을 움직이는 요소에는 어떤 것들이 있을까? 이런 질문에는 다양한 의견과 논쟁의 여지가 있을 수 있다.

예를 들어 한 단지 근처에 새로 지하철역이 들어서기로 확정되었는데 개통되는 데 6년의 시간이 걸린다고 하자. 2년 동안 전세를 사는 세입자는 이 지하철역의 혜택을 보지 못한다. 그래서 전세가를 설정할 때 이 지하철역의 혜택을 받지 못하는 단지보다 높은 금액을 지불할 이유가 없다. 하지만 개발 호재가 확정되면 매매가에 미래 가치가 반영되어 매매가가 오를 것이다. 그에 따라 근처의 다른 단지보다 전세가율이 낮아진다. 이런 경우에는 혜택을 입을 단지에 거품이 끼었다고 보기 힘들고, 그래서 고평가되었다고 단정 짓기도 어렵다. 이러한 문제가 발생하는 건 적정 전세가율을 단지마다 다르게 설정해야 하는데 모두 동일한 전세가율로 저평가와 고평가를 판단하기 때문이다.

단지마다 각각 다른 '적정 전세가율'을 측정하기 위해서는 '열전도의 법칙'을 되짚어 봐야 한다. '열전도의 법칙'을 통하면 호재가 해당 지역에 얼마나 반영되겠는지 예측할 수 있다. 즉, 호재가 시세에 반영되는 온전한 시세 상승력을 열에 비유하는 것이다. 이때 (호재가 누출되지 않고 온전히 100퍼센트 흡수되어 반영되는) 열의 양을 측정하려면 대장아파트의 가격 상승을 살펴봐야 한다. 대장아파트는 가장 열의 누출이 적은 단지다. 그 열이 다른 단지로 전달되면서 누수가 생겨 상승력이 조금씩 떨어진다는 원리다.

소액 투자자들이 노려야 할 단지는 갭비용이 많이 들고 이미 호재를 모두 품어서 시세가 올라간 대장단지가 아니다. 오히려 다소 열이 누출되고 아직 온전히 전해지지 않은 근처의 저평가된 단지다. 따라서 매수 타깃 단지들의 저평가와 고평가를 평가하기 위해서는 대장단지의 '적정 전세가율'을 기준으로 열의 누출(흡수되지 않고 날아가는 부분)을 분석해야 한다. 다시 말해, 대장단지와 연식 차이로 생기는 적정 시세 차이를 전세가율로 환산해서 타깃 단지의 '적정 전세가율'을 계산하는 것이 중요하다.

해당 지역의 적정 가치를 평가하거나 개발 호재가 시세에 반영되는 값의 적정선을 판단하려면 기준 축을 정해야 한다. 즉, 가장 매매가가 높은 대장아파트 단지를 기준 축으로 삼아서 그 전세가율을 측정하는 것이다. 여기에 전세가율의 하한선을 정해보자. 그러고 나서 (인접 단지와 비교했을 때 전세가 차이보다 매매가 차이가 더 크기 때문에) 그 대장단지의 국평(30~35평) 전세가율을 기준으로 같은 평수인 타깃 단지의 적정 전세가율을 계산해보자. 이때 대장단지와의 거리와 연식 차이를 '열전도 과정에서 누출되는 양'에 적용하면 된다.

나는 열전도의 법칙에 따라 생기는 매매가의 부분 누출이 적정 전세가율에 어떤 영향을 미치는지 연구했다. 그 결과, 적정 전세가율을 계산할 때 다음과 같은 사실과 전제조건이 적용된다는 점을 발견했다.

① 대장단지를 매수하기 힘든 소액 투자자는 대장단지[최고 전세가와 호가 중 최저 매매 호가 적용, 국평 4층 이상 물건]의 최고치 전세가율을 기준으로 저평가된 단지를 찾는 것이 현실적으로 적합하다.

② 여기서 대장아파트란 근방의 역(지하철, 광역철도, 고속철도)과 가장 인접해 있고 상권 접근성이 좋으며 시세가 가장 높은 브랜드 대단지를 의미한다(필요충분조건은 시세가 가장 높은 단지).

③ 대장단지의 최고 전세가율을 적용하는 이유는 상승장에서 매매가가 오를 만한 여력의 최대치를 계산할 수 있기 때문이다(하락장에서는 보수적인 접근이 필요하므로 최저치의 전세가율을 기준으로 한다).

④ 대장단지의 최저 전세가율을 계산할 때는 실거래로 등록된 전세가 말고 계약 갱신 청구권을 쓰지 않은 전세가 중에서 최

고가를 활용해야 한다(전월세신고제 유예 기간에 신고하지 않은 경우도 있다).

⑤ 마찬가지로 매매가도 실거래가를 사용하면 물건의 매매가가 낮기 때문에 실거래가 말고 매매 호가 중에서 가장 낮은 금액을 사용한다.

⑥ 대장단지와의 거리에서 **1킬로미터당 적정 전세가율에 5를 곱해서** 설정한다(매매가 상승률이 '열의 부분 손실'로 대장단지보다 덜 흡수되는 현상).

⑦ 대장단지와의 연식 차이에서 **1년당 0.5를 곱해서 적정 전세가율**에 적용한다. 반대로 대장단지보다 더 신축이라면 마찬가지로 1년당 -0.5를 곱한다. 구축 대장단지가 재건축이나 리모델링을 할 가능성이 있을 때는 1년당 –0.2를 적용한다.

(지방의 경우에는 연식 차이에서 1년당 1퍼센트를 곱해서 적정 전세가에 적용한다.)

⑧ 해당 비교 단지는 같은 평수(오차±3평)에다 입주 물량의 영향권 안에 있으며 수요가 같고 학군 및 기타 인프라와 층수는 4층 이상인 물건이어야 한다. 단지 규모, 브랜드, 향, 용적률 등 외부 변수의 영향은 무시하기로 한다.

⑨ 대장단지를 기준으로 적정 전세가율도 계산했다면 타깃 물건의 전세가율을 계산해서 비교한다.

⑩ 타깃 단지는 신규 전세 호가 중에서 가장 높은 금액과 매매 호가 중에서 가장 낮은 금액을 적용해서 전세가율을 계산한

다(4층 이상의 물건이어야 한다).

여기서 주목할 점은 서울과 수도권 핵심지의 공식에는 대장단지와 타깃 단지의 연식 차이(대장단지의 입주 연도-타깃 단지의 입주 연도)에 0.5라는 계수를 곱한다는 것이다. 반면에 수도권 비핵심지의 공식에는 대장단지와 타깃 단지의 연식 차이를 그대로 적용한다. 이 차이는 지방 아파트의 연식이 적정 전세가율에 더 많은 영향을 끼친다는 점을 의미한다.

기본적으로 가장 역에서 가까운 대장단지와 인접 단지의 매매가 차이는 전세가 차이보다 더 많이 벌어진다. 이런 현상은 지역을 불문한다고 해도 무리가 없다.

다만 지방의 대장단지 인근에 있는 구축 아파트는 상대적으로 재건축과 리모델링 가능성이 낮고, 입지에 대한 수요가 서울과 수도권 핵심지에 비해 적다. 그래서 매매가 상승이 훨씬 더디다는 사실을 파악할 수 있었다. 같은 맥락에서 '적정 전세가율' 역시 매매가 상승이 더딘 만큼 더 높게 책정되어야 한다는 결론을 얻었다. 서울 지역의 단지 10곳을 뽑아 각 지역에 인접한 구축과 신축의 전세가율 변동폭을 파악한 다음, 지방의 단지 10곳을 비교 분석했다. 그 결과, 연식 차이로 인한 전세가율 상승폭 차이가 서울에 비해 두 배 정도 비율로 벌어진다는 사실을 알 수 있었다.

지역별로 차이는 있지만 지방의 아파트는 연식이 오래될수록 호재를 흡수하는 능력도 떨어진다. 그래서 매매가 상승도 더뎌질 수밖에 없다. 결론적으로 적정 전세가율을 계산할 때는 서울 및 수도권 핵심지와 지방 및 수도권 비핵심지로 나눠야 한다.

내가 개발한 타깃 단지의 적정 전세가율 계산식은 다음과 같이 두 가지다.

저평가, 고평가를 판단하는 적정 전세가율 공식

서울, 수도권 핵심지

(타깃 단지의 적정 전세가율)% = (대장단지의 적정 전세가율)% + [(대장단지와 타깃 단지의 거리 차이 km) × 5]% + [(대장단지의 입주 연도 – 타깃 단지의 입주 연도 차이) × 0.5]%

저평가, 고평가를 판단하는 적정 전세가율 공식

수도권 비핵심지 + 지방

• (타깃 단지의 적정 전세가율)% =
  (대장단지의 적정 전세가율)% + [(대장단지와 타깃 단지의 거리 차이 km) × 5]% + (대장단지의 입주 연도 – 타깃 단지의 입주 연도)%

• (대장단지의 적정 전세가율)% =
  (실거래로 등록된 전세가 말고 계약 갱신 청구권을 쓰지 않은 전세가 호가 중 최

고가) / (등록된 매매 호가 중 가장 낮은 금액, 4층 이상인 물건)

- (타깃 단지의 실제 전세가율)% = (실거래로 등록된 전세가말고 계약 갱신 청구 권을 쓰지 않은 전세가 호가 중 최고가) / (등록된 매매 호가 중 가장 낮은 금액, 4층 이상인 물건)

위 공식에서 나온 결과를 대입하면
- 타깃 단지의 적정 전세가율(%) 〉 타깃 단지의 실제 전세가율(%)
[(고평가 단지) 오차 허용 3%]
- 타깃 단지의 적정 전세가율(%) 〈 타깃 단지의 실제 전세가율(%)
[(저평가 단지) 오차 허용 3%]

*대장단지의 호재가 반영된 시세가 1킬로미터당 약 5퍼센트의 비율로 부분 누출되고 연식 1년 차이당 약 1퍼센트 정도로 적정 전세가율이 상승한다는 사실은 수도권 비핵심지 및 지방의 단지들을 기준으로 통계를 내어 분석하고 책정했기에 지역에 따라 편차가 있을 수 있다.

예시로 위의 지도와 같이 상일동역 대장아파트인 고덕그라시움 34A 타입의 적정 전세가율을 계산해보았다. 매매 호가 중 가장 낮은 금액인 16억 5,000만 원에 전세 매물 중 가장 높은 가격인 10억 원을 적용해 계산하면 적정 전세가율이 60퍼센트다

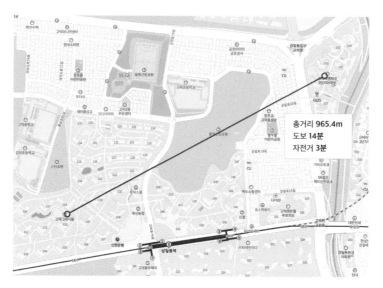

상일동역 대장아파트 단지와 타깃 아파트 단지의 거리 차이(출처: 네이버 지도)

(10억/16.5억 = 60%). 대장단지인 고덕그라시움 아파트와 타깃 단지
의 거리는 0.9킬로미터고 입주 연도는 8년 차이가 난다. 이를 계산
식에 그대로 대입하면 아래와 같다.

60% + (0.9km×5)% + (8년×0.5)%

60% + 4.5% + 4% = 68.5% (타깃 단지의 적정 전세가율)

타깃 단지의 실제 전세가율을 계산해보면 매매 호가 중 가장
낮은 금액이 12억 1,000만 원이고 전세 호가 중 가장 높은 금액
이 7억 5,000만 원이기 때문에 7.5억/12.1억 = 62퍼센트가 된다.

따라서 68.5퍼센트 > 62퍼센트로 적정 전세가율보다 실제 전세가율이 높게 설정되었으므로 타깃 단지는 상승 여력이 있다고 할 수 있다.

[압구정8학군 추천] 전세가율로 본 지역별 추천 물건 60

해당 데이터와 추천 물건은 2021년 6월~8월 기준으로 매매가 및 전세가(호가)를 추출했기 때문에 현재와는 다소 차이가 있을 수 있다(본 추천 물건은 투자 참고용으로만 사용할 것. 모든 책임은 투자를 결정한 당사자에게 있다).

경기도 이천시

단지명 (이천) \ 평가요소	연식	대장단지로 부터 거리 (km)	매매가 (최저 호가) (단위: 억)	전세가 (최대 호가) (단위: 억)	실제 전세가율(%)	적정 전세가율(%)	매매가 상승 여력
대장아파트 이천 롯데캐슬골드스카이 36평	2018	-	7.2	5	69	69	-
브라운스톤이천 35평	2014	0.3	4.7	3.6	76	74.5	상승 여력 있음
이천 설봉푸르지오 1차 33평	2008	1	5.3	4.5	85	84	상승 여력 있음
이천 설봉푸르지오 2차 33평	2011	1	4.5	4	88	81	상승 여력 있음
갈산 힐스테이트 34평	2006	1	4.2	3.9	93	86	상승 여력 있음
갈산 현진에버빌 35평	2008	0.8	4.5	3.7	83.1	82	상승 여력 있음
이천 설봉KCC 32평	2016	1.5	4.5	4.2	93	79	상승 여력 있음
이천 센트럴푸르지오	2016	1.5	4.9	3.8	77	79	상승 여력 있음
이천 증포한양수자인 33평	2017	1.6	4.7	4	85	78	상승 여력 있음
이천 증포대원칸타빌 33평	2019	1.7	4.7	3.8	80	77	상승 여력 있음
갈산 화성파크드림	2013	1	4.4	4	91	>9	상승 여력 있음

충청북도 청주시

평가요소 단지명 (청주)	연식	대장 단지로 부터 거리 (km)	매매가 (최저 호가) (단위: 억)	전세가 (최대 호가) (단위: 억)	실제 전세가 율(%)	적정 전세가 율(%)	매매가 상승 여력
대장아파트 두산위브지웰시티 2차 34평	2015	-	7.8	4.6	57	59.3	-
청주 신영지웰 홈 스 33평	2009	0.3	4.8	3.8	79	67	상승 여력 있음
복대동 금호어울 림 1차 34평	2009	0.5	4.9	3.5	71	68	상승 여력 있음
복대동 금호어울 림 2차 34평	2009	0.6	4.5	3.5	77	69	상승 여력 있음
복대동 두진하트 리움 2차 30평	2019	0.5	4.55	3.6	79	58	상승 여력 있음
복대동 세원테마 빌 31평	2001	1.2	2.25	2.1	93.3	80	상승 여력 있음
서청주 파크자이 34평	2019	1.2	5.9	3.64	67	62	상승 여력 있음
복대동 아름다운 나날 1차 23평	2003	0.7	1.9	1.65	86	75	상승 여력 있음
복대동 아름다운 나날 2차 34평	2004	1	2.8	2.6	92.5	75.5	상승 여력 있음
복대동 두진하트 리움 1차 33평	2015	0.5	5.65	4.2	74.3	61.8	상승 여력 있음
하복대 현대2차 아파트 23평	1999	1	2.1	1.76	84.5	73	상승 여력 있음

경기도 안산시

평가요소 단지명 (안산)	연식	대장 단지로 부터 거리 (km)	매매가 (최저 호가) (단위: 억)	전세가 (최대 호가) (단위: 억)	실제 전세가 율(%)	적정 전세가 율(%)	매매가 상승 여력
대장아파트 안산 센트럴 푸르지오 34평	2018	-	9.9	5.1	51	51	-

고잔 힐스테이트 중앙 34평	2018	0.3	9.7	5.8	59	53	상승 여력 있음
고잔 그린빌 8단지 31평	2001	1	5.9	4.5	76	64.5	상승 여력 있음
고잔 롯데캐슬 골드파크아파트 33평	2018	1	6.68	4.5	67.4	56	상승 여력 있음
고잔4차 푸르지오 32평	2003	1.2	5.3	3.5	66	63.5	상승 여력 있음
고잔5차 푸르지오 32평	2003	1.5	6.3	4.5	71	66	상승 여력 있음
성포동 안산파크 푸르지오 35평	2018	0.7	9.2	5.2	57	54	상승 여력 있음
고잔그린빌 9단지 31평	2001	1	6	4.3	72	64.5	상승 여력 있음
이동 고잔그린빌 10단지	2003	1	4.7	3.9	84	63.5	상승 여력 있음
보네르빌 요진2차 36평	2001	1.3	5.5	4	72	66	상승 여력 있음
고잔양지마을금강 2차 34평	2001	1.5	5.9	4.15	70	67	상승 여력 있음

전라북도 군산시

평가요소 / 단지명 (군산)	연식	대장 단지로 부터 거리 (km)	매매가 (최저 호가) (단위: 억)	전세가 (최대 호가) (단위: 억)	실제 전세가 율(%)	적정 전세가 율(%)	매매가 상승 여력
대장아파트 조촌동 디오션 시티푸르지오 34평	2018	-	5.6	3.4	60	60	-
조촌동 e편한세상 디오션시티 34평	2018	0.3	5.1	3.5	67	>61.5	상승 여력 있음
경암동 제일오투 그란데 33평	2016	0.7	2.715	2.52	92.5	>65	상승 여력 있음
e편한세상디오션 시티 2차 33평	2020	1	4.3	3.1	72	>63	상승 여력 있음

단지명	연식	대장 단지로부터 거리 (km)	매매가 (최저 호가) (단위: 억)	전세가 (최대 호가) (단위: 억)	실제 전세가율(%)	적정 전세가율(%)	매매가 상승여력
대명동 현대메트로타워 2차 34평	2016	1.5	2.14	1.6	76	>68.5	상승 여력 있음
대명동 현대메트로타워 1차 32평	2011	1.5	1.9	1.6	83	>74.5	상승 여력 있음
미장동 아이파크 2차 30평	2017	1.5	3.815	3.2	83.9	>68.5	상승 여력 있음
미장동 아이파크 1차 33평	2015	2	3.4	3	87	>73	상승 여력 있음
미장 현대파인빌 2차 아파트 36평	2006	1.1	2.0	1.6	80	>77.5	상승 여력 있음
조촌동 군산센트럴파크스타뷰 33평	2017	1.6	2.5	2.4	95	>69	상승 여력 있음
조촌동 타워써미트 33평	2012	1.7	2.6	2.1	81	>74	상승 여력 있음

경상남도 창원시

평가요소 / 단지명 (창원)	연식	대장 단지로 부터 거리 (km)	매매가 (최저 호가) (단위: 억)	전세가 (최대 호가) (단위: 억)	실제 전세가 율(%)	적정 전세가 율(%)	매매가 상승여력
대장아파트 용지더레이크파크 34평	2017	-	11	6	54	54	-
용지아이파크 34평	2017	-	10	6	60	54	상승 여력 있음
반림동 트리비앙 34평	2006	0.5	7	5	71	67.5	상승 여력 있음
반림동 현대산업 31평	1989	0.5	4	3.3	82.5	84.5	적정가격 수준
반림동 현대건설 아파트 2차 31평	1989	0.5	4.1	3.6	87	84.5	상승 여력 있음
반림동 노블파크 34평	2007	1	6.2	4.5	72.5	69	상승 여력 있음

단지명	연식	대장 단지로부터 거리	매매가(최저 호가)(단위: 억)	전세가(최대 호가)(단위: 억)	실제 전세가율(%)	적정 전세가율(%)	매매가 상승 여력
반림동 럭키 31평	1989	1	4	3.6	90	87	상승 여력 있음
반지동 반송대동 30평	1990	1.3	2.6	2.3	89	77.5	상승 여력 있음
봉림 피닉스포레 32평	2011	2	4.2	3.3	78	70	상승 여력 있음
봉곡동 늘푸른코오롱 31평	1999	2	3	2.4	80	82	적정가격 수준

광주 광역시

평가요소 / 단지명 (광주)	연식	대장 단지로 부터 거리	매매가 (최저 호가) (단위: 억)	전세가 (최대 호가) (단위: 억)	실제 전세가 율(%)	적정 전세가 율(%)	매매가 상승 여력
대장아파트 치평동 상무sk뷰 33평	2016	-	7.4	5	67	67	-
마륵동 상무한신 휴플러스 36평	2013	0.1	5.9	4.2	71	70	상승 여력 있음
마륵동 희망가 32평	2007	0.4	3.28	2.7	82	78	상승 여력 있음
마륵동 상무양우 내안애 32평	2020	0.5	5	3.8	76	65.5	상승 여력 있음
마륵동 상무자이 44평	2008	0.5	6.5	5.2	80	77.5	상승 여력 있음
쌍촌동 행복한집 34평	2006	0.3	2.56	2.1	82	79	상승 여력 있음
쌍촌동 광주상무 푸르지오 39평	2011	0.5	7.3	5.5	75	74	상승 여력 있음
치평동 대주 1차 24평	1997	0.5	2.2	2	90	88	상승 여력 있음
치평동 상무 2차 라인대주 25평	1997	0.4	2.7	2.4	89	88	상승 여력 있음
치평동 상무중흥 파크 1단지 39평	1997	0.6	5.2	4.67	88	89.8	상승 여력 있음
치평동 상무영무 예다음 35평	2020	1	5.8	4.5	77	68	상승 여력 있음

8가지 법칙을 이용한 매매가별 소액 투자 추천 단지

이 책에서 나는 부동산 소액 투자를 효율적으로 시작하고 운용하며 수익을 창출하기 위한 8가지 필수 법칙을 소개했다. 더불어 이와 관련한 여러 가지 원리를 설명하고 예시를 들었다. 이들 법칙을 실제 투자에 활용하기 위해서는 기본 원리 및 개념을 머릿속에 장착해야 한다. 하지만 중요한 건 실제로 투자를 결정할 때 어떤 기준에서 이들 법칙을 적용해 투자 대상의 가치와 수익성을 미리 평가할 수 있는지를 따져보는 과정이라고 생각한다.

각 법칙을 적용해서 투자 대상을 평가하면 어느 정도 객관적인 수치를 바탕으로 수익성 및 저평가 여부를 따져볼 수 있을 것이다. 예를 들어 전세가율의 법칙을 적용하면 객관적인 수치를 비교해서 저평가 여부를 스스로 판단할 수 있을 것이다.

하지만 몇 가지 법칙의 경우에는 객관적 수치나 자료보다 개인의 투자 성향이나 취향에 따라 투자 대상에 대한 평가가 달라질 수 있다. 내가 중요하게 여기는 가치요소에 따라 평가가 달라질 수 있다는 뜻이다.

가령 목수의 법칙에서는 나의 성향이 '안전 제일주의'인 경우와 탐험과 모험을 좋아하는 경우에 투자 선택지가 달라질 수 있다. 세포분열의 법칙에서도 투자자가 '공격적인 투자'를 선호하는 경우와 '안정적인 운영'을 선호하는 경우에 매수 물건의 가격대와 매수 속도가 달라질 수 있다. 사실 정답이란 없다. 뒤에서 추천하는 아파트는 8가지 법칙에 따라 선정한 아파트 단지들이다. 점수를 상세히 쓰지는 않았지만, 무작정 리스트만 쳐다보기보다는 한 번 더 앞서 제시한 법칙을 되짚어보기 바란다.

1. 목수의 법칙

목수의 법칙에서는 이용과 탐사를 기준으로 5점 만점이 가장 안정적이고, 0에 가까울수록 탐험과 모험 요소가 점점 커지는 투자라고 기준을 잡겠다.

(예, 4점/5점 = 상당히 안정적인 투자 대상, 2점/5점 = 상당한 위험부담이 있지만 성공했을 때 큰 수익이 보장되는 투자 대상)

2. 유기체의 법칙

유기체의 법칙과 관련한 기준은 정부의 시장 개입과 부동산 정책의 변동성 및 세금에 대한 리스크다. 이 기준에 따라 규제가 많고 조세 관련 리스크가 큰 지역은 오히려 많이 오를 수 있다고 판단되므로 높은 점수를 부여하고, 비조정 지역이나 규제가 덜한 곳에는 낮은 점수를 매기겠다.

(예, 2점/5점 = 서울에서 거리가 먼 비규제 지역, 4점/5점 = 서울 강남과 가까운 규제지역)

3. 열전도의 법칙

열전도의 법칙에서는 잠재적 개발 호재 가능성이 많고 현재 발표된 교통 호재가 있을 경우, 그리고 택지 개발지구의 경우에 더 높은 점수를 부여하겠다.

(예, 4점/5점 = GTX 호재 지역, 2점/5점 = 확정된 호재가 많지 않은 지방이나 외곽 지역)

4. 세포분열의 법칙

세포분열의 법칙에서는 투자비용(매수에 필요한 갭비용이나 취득세 등의 부대 비용)이 적을수록 더 많은 아파트를 매수할 수 있으므로 더 좋은 확장성을 도모할 수 있다고 판단해 더 높은 점수를 부여하겠다. 비용이 많이 들고 매매가가 비싼 아파트에는 낮은 점수를 매기겠다.

(예, 0점/5점 = 압구정동 현대아파트, 4점/5점 = 충남 보령 e편한세상)

5. 수익 무한 루프의 법칙

수익 무한 루프의 법칙에서는 향후 전세가 상승률이 높을 것으로 예상되는 단지가 더 좋은 현금흐름과 수익을 가져다줄 것으로 판단되므로 더 높은 점수를 부여한다. 신축이나 역세권 그리고 좋은 입지와 학군을 품은 단지에는 높은 점수를 매긴다.

(예, 5점/5점 = 래미안 대치팰리스, 3점/5점 = 안성 진사리 주은청설)

6. 골든 타임의 법칙

골든 타임의 법칙에서는 아직 호재가 매매가에 반영되지 않아서 저평가된 단지일수록 높은 점수를 부여하고 이미 많이 오른 대장아파트나 과평가된 지역에는 낮은 점수를 준다. 또한 신규 공급이 많은 지역에는 낮은 점수를, 공급이 없는 지역에는 높은 점수를 매긴다.

(예, 2점/5점 = 대구 수성구 빌리브범어, 4점/5점 = 용인 기흥 힐스테이트)

7. 연쇄 상승 반응의 법칙

연쇄 상승 반응의 법칙에서는 대장단지와의 거리나 개발 호재와의 거리 및 기타 상승요인의 영향권에 얼마나 근접해 있는지를 기준으로 삼아서, 많은 호재의 영향권에 있는 단지일수록 더 높은 점수를 부여한다.

(예, 4점/5점 = 삼성동 아이파크, 2점/5점 = 여주 KCC스위첸)

8. 전세가율의 법칙

전세가율의 법칙에서는 적정 전세가율보다 실제 전세가율이 높고 차이가 클 경우에는 높은 점수를 부여하고 차이가 없거나 실제 전세가율이 오히려 적정 전세가율보다 낮으면 고평가되었다고 보고 낮은 점수를 준다. 주변 단지들에 비해 매매가가 눌려 있다고 판단되는 단지는 저평가된 단지므로 높은 점수를 부여한다.

(예, 4점/5점 = 군산 경암동제일오투그란데, 2점/5점 = 대구 힐스테이트범어)

8가지 법칙의 합산 점수가 높을수록 더 수월하게 리스크를 관리할 수 있는 안정적인 소액 투자 물건이라고 할 수 있다. 하지만 각 법칙에 대한 기준은 개인의 관점에 따라 다를 수 있고, 합산 점수 또한 그러하므로 각자가 나름의 평가 기준을 가지고 점수를 매겨 보기 바란다. 8가지 법칙 비교 분석법은 투자금이 비슷한 매수 타깃 물건 여러 채를 비교할 때 유용하게 쓰일 수 있다.

나의 기준에 따라 다음의 예시 단지 4곳의 각 항목별 점수를 계산해서 총합을 비교해보았다. 각 항목별 점수는 개인의 판단 기준에 따라 달라질 수 있다. 이 비교 분석은 필자의 기준에 따라 작성된 예시이니 참고만 하기 바란다(더 많은 매수 희망 단지에도 비교 분석 수단으로 유용하게 활용할 수 있다).

단지명 \ 평가요소	A 목수	B 유기체	C 열전도	D 세포분열	E 무한 루프	F 골든 타임	G 연쇄 상승	H 전세가율	총합
이천 센트럴 푸르지오 24평	4	3	4	3	4	3	4	4	29
브라운스톤 이천 34평	4	3	4	3	4	4	4	3	29
이천 설봉 스위첸 25평	4	3	3	3	4	3	4	4	28
이천 증포새도시 한양수자인 5블록 28평	4	3	3	3	4	3	3	4	27

합산 점수와 위에서 예시로 든 단지별 비교 평가 도구를 참고해서 나만의 채점 기준을 가지고 나에게 가장 적합한 투자지 혹은 단지를 선별해보자. 개인의 평가 기준에 따라 다르겠지만, 일반적으로 8가지 법칙을 비교 분석한 총점에 따라(40점 만점) 다음과 같이 매수 수요 강도(매수 수요가 강하고 풍부한 정도)를 분류해보았다.

매수 수요 강도는 해당 단지가 거래된 시점의 신고가율과 관련이 깊으며, 매수세가 지속되는 트렌드와 6개월 기준 상승폭 등을 분석해서 상승률이 높을수록 강도가 더 크다고 보았다(5단계, 곧 최상급/상급/중상위급/중급/중하위급으로 분류했다). 쉽게 설명해서 매수 수요 강도가 높다는 건 매수자에게 드러낼 수 있는 가치 상승 요소를 더 많이 품고 있다는 뜻이다. 또한 시장에 긍정적인 움직임이 일거나 주변 호재의 자극을 받게 되면 매수 수요 강도가 더 큰 단지의 상승률이 상대적으로 낮은 단지에 비해 높아질 가능성이 크다는 의미도 내포한다. 장기적인 미래 가치보다 수익성을 더 따져야 하는 투자자라면 저평가 여부를 알 수 있는 골든 타임의 법칙 지수가 높은 단지를 주의 깊게 살펴볼 필요가 있다. 즉, 매수 수요 강도가 높고 골든 타임 지수도 높은 단지는 저평가되었을 가능성이 있으므로, 상승요인이 있을 때 큰 상승률을 보일 수 있다. 각 개인의 니즈와 투자 목적에 따라 본인이 중요시하는 항목을 중점적으로 분석하면, 성공적인 투자를 위한 단서를 찾을 수 있을 것이다.

- 30점 이상: 매수 수요 강도 최상급 단지
- 25점 이상: 매수 수요 강도 상급 단지
- 20점 이상: 매수 수요 강도 중상위권 단지
- 15점~20점: 매수 수요 강도 중간 단지
- 15점 이하: 매수 수요 강도 중하위권 단지

[압구정8학군 Pick] 공시가 4억 원 이하의 물건지 50

기본 정보 단지명 (4억 미만)	설립 연도	세대 수	용적률 (%)	매매가 6개월 변동폭 (%)	매매가 (10월 초) (단위: 억)	전세가 (10월 초) (단위: 억)	전세가율 (%)	갭 (단위: 억)
브라운스톤 이천 34평	2014	214	299	35.45	4.7	3.3	70	1.42
이천 센트럴푸르지 오 24평	2016	554	200	10.09	3.6	3.35	93	0.25
이천 증포동 한솔솔 파크 3단지 33평	2010	234	178	14.24	3.77	3.35	89	0.42
이천 설봉스위첸 25평	2016	562	192	11.7	3.5	2.8	80	0.68
이천 증포새도시 한 양수자인 5블록 28평	2017	620	195	16.84	3.7	2.7	74	0.97
오산 갈곶KCC스위 첸 33평	2010	408	408	19.59	3.5	2.5	70	1.02
오산 원동 미소지움 25평	2017	192	193	41.07	3.95	3.2	81	0.75
오산 원동 푸르지오 32평	2005	839	201	48.26	4.27	2.85	67	1.42
오산 수청동 대우아 파트 28평	1993	1144	130	0	2.58	1.8	70	0.78
오산 운암 주공 1단 지 22평	2000	1756	215	44	3.3	1.5	44	1.8
부평 갈산동 동아아 파트 23평	1993	280	269	42.57	3.6	2.5	70	1.1
부평 부평동 신성미 소지움 32평	2005	298	307	22.28	4.5	3	66	1.5
부평동 부평대림 28평	1989	1470	226	10	4.1	2.75	67	1.34
동두천 송내주공 단지 29평	2004	1862	193	38.25	3.5	2.4	69	1.08
동두천 지행현대 차 33평	1999	247	278	2.33	2.2	1.7	77	0.5
동두천 생연동 동두 천센트레빌 29평	2020	376	237	0	2.7	2.5	92	0.2

왕산리 모현 KCC스위첸 33평	2012	308	227	20	4.2	2.4	57	1.8
일산 백석동 백송마을 3단지 한신 21평	1992	436	134	3.45	3.6	2.35	65	1.25
일산 풍동 5차 성원 상떼빌 24평	2003	295	249	14.33	3.83	2.25	59	1.58
일산동 일산월드메르디앙 24평	2005	204	770	25.9	3.33	2.5	75	0.83
송도 송도동 스위트리아 19평	2017	48	278	25.34	3.68	2.8	76	0.88
인천 동춘동 해송마을동남아파트 21평	1994	1350	119	48.46	3.16	2.13	67	1.03
인천 연수동 연수우성2차 17평	1995	2044	200	48.95	3.25	1.4	43	1.85
인천 경서동 가이아샹베르 2차 33평	2005	560	209	43.4	3.8	2.6	68	1.2
화성시 안녕동 병점역성호플레르빌 24평	2002	618	193	54.17	3.7	2	54	1.7
화성시 병점동 태안주공 1단지 24평	1997	1044	229	45.61	3.5	2.7	77	0.8
평택 도곡리 모아미래도 2차 34평	2005	368	112	48.71	2.2	1.65	75	0.55
평택 송담리 송담힐스테이트 24평	2016	952	241	5.44	3.1	2.2	71	0.9
안성 공도 용두리 안성공도우미린더퍼스트 24평	2018	1358	199	31.56	3.7	3	81	0.7
안성 만정리 KCC스위첸 32평	2010	1101	195	30.39	3.35	2.3	68	1.05
안성 만정리 공도벽산블루밍디자인시티 34평	2010	1378	199	34.54	3.35	2.5	74	0.85
원주 푸른숨휴브레스 33평	2014	1110	144	9.45	3.44	3	87	0.44
용인 구갈동 강남마을주공 23평	2004	138	96	18.41	4.08	2.97	72	1.11
수원 영통 원천동 원천신미주 32평	1996	275	326	13.19	3.97	3.5	88	0.47

수원 오목천동 남광 하우스토리 24평	2007	363	229	38.03	4.9	3.2	65	1.7
화성시 봉담읍 상리 e편한세상신봉담 21평	2019	898	170	1.21	3.35	3.3	98.5	0.05
화성시 상리 봉담동 문굿모닝힐 평	2008	442	221	-1.79	4.4	3.1	70	1.3
수원 율전동 율전삼 성 1단지	1998	364	170	0	3.55	2.7	76	0.85
의정부 가능동 브라 운스톤흥선 24평	2008	673	287	14.81	3.78	3	79	0.78
양주 고암동 휴먼시 아하늘빛마을 33평	2007	608	178	-8.5	3.08	2.4	78	0.68
양주 옥정동 e편한 세상옥정메트로포 레 30평	2020	2038	180	0	3.46	3.3	95	0.16
동두천 생연동 브라 운스톤동두천 34평	2014	278	340	10.65	3.43	2.8	81.6	0.63
충남 보령 동대동 e 편한 세상 33평	2017	677	214	4.25	3.31	1.95	58	1.36
아산 배방 푸르지오 2차 아파트 34평	2007	893	241	25	2.92	2.1	71.8	0.82
아산 공수리 배방역 효성해링턴플레이 스 34평	2018	557	235	0	4.4	3.6	81	0.8
아산 공수리 아산배 방한라비발디 33평	2006	794	242	12.92	2.68	2.2	82	0.48
천안 불당동 불당한 화꿈에그린 38평	2009	297	247	0	3.34	3.3	98	0.04
천안 쌍용동 쌍용역 코오롱하늘채 35평	2018	454	247	7.55	3.27	2.75	84	0.52
천안 백석동 천안백 석계룡리슈빌 35평	2010	901	249	9.8	3.95	2.7	68	1.25
대전 홍도동 신동아 파밀리에 단지 33평	2007	153	192	0	4.15	3.5	84	0.65

[압구정8학군 Pick] 공시가 1억 원 이하의 물건지 50

기본 정보 단지명 (1억 미만)	설립 연도	세대 수	용적률 (%)	매매가 6개월 변 동폭 (%)	매매가 (10월 초) (단위: 억)	전세가 (10월 초) (단위: 억)	전세가율 (%)	갭 (단위: 억)
오산 갈곶동 우림 22평	1998	901	249	21.21	1.8	1.7	94	0.1
오산 누읍동 이림아 파트	2000	650	383	34.74	1.11	0.79	71	0.32
이천동 이천 안흥 주공 아파트 20평	1999	576	289	-3.18	2.185	1.76	80	0.42
이천 창천동 창천 현대 1차 21평	1985	210	정보 없 음	10.8	1.42	1.05	73	0.37
이천 증포동 대호 3 차 24평	1993	260	316	11.86	1.25	1.2	96	0.05
화성 봉담읍 와우리 신명 19평	1999	488	270	19.85	1.6	1.3	81	0.3
아산 배방 삼정 그 린 코아 아파트 15 평	2012	2156	332	21.18	0.96	0.75	77	0.21
아산 산동리 아산삼 일원앙 15평	1997	1440	200	21.81	0.67	0.52	77	0.15
아산 세교리 아산신 라 20평	1997	960	256	28.96	1.34	0.76	57	0.58
아산 권곡동 아산권 곡주공 20평	2003	270	134	27.37	1.21	0.9	74	0.31
천안 월봉동 청솔 1 단지 아파트 20평	2000	1423	205	33.27	1.59	1.2	75	0.39
천안 백석동 백석현 대 26평	1992	976	171	1.51	1.25	1.18	95	0.07
천안 쌍용동 계룡푸 른마을 23평	1996	416	227	23.12	1.82	1.7	93	0.12
천안 쌍용동 상록수 현대 23평	1996	464	231	13.89	1.66	1.55	93	0.11
천안 쌍용동 한라동 백 23평	1995	476	210	18.36	1.7	1.55	91	0.15
천안 쌍용동 주공7 단지 3차 26평	1995	930	233	16.74	1.35	1.24	92	0.11
천안 쌍용동 해누리 선경 24평	1996	938	321	26.41	1.92	1.59	83	0.33

안성 공도 우림 아파트 17평	1997	940	224	48.35	1.35	0.87	64	0.48
안성 공도 주은 청설 아파트 17평	2000	2377	252	77.99	1.44	1.02	70	0.42
안성 공도 주은 풍림아파트 17평	2002	2615	247	90.19	1.41	0.9	63	0.51
의정부 신곡 현대 아파트 20평	1990	415	236	19.13	1.83	1.02	56	0.81
의정부 신곡 신명 아파트 19평	2000	814	295	24.26	1.98	1.1	55	0.88
동두천 송내 주공 4단지 아파트 18평	2003	1386	184	46.99	2	1.4	67	0.6
동두천 상패 주공 아파트 20평	1997	498	179	48.61	1.2	0.66	55	0.54
동두천 지행 주공 1단지 21평	2000	268	159	4.22	1.4	0.94	67	0.46
동두천 지행 주공 2단지 22평	1999	491	222	42.31	1.85	1.4	75	0.45
평택 군문 주공 2단지 21평	1999	1035	168	36.25	1.9	1.27	67	0.63
화성 봉담읍 와우리 수성효성 17평	1996	266	344	71.58	1.6	0.97	60	0.63
동두천 생연동 동두천 부영6단지 21평	2003	419	209	33.99	1.84	1.4	76	0.44
평택 세교동 원앙부영 20평	1996	1590	198	41.48	1.97	1.35	68	0.62
평택 통복동 신명보람 24평	1995	160	131	10.73	1.6	1.2	75	0.4
평택 이충 부영 1단지 21평	1996	280	223	54.17	1.58	1.1	70	0.48
평택 송탄 서정 주공 3차 12평	1988	382	85	23.43	1.8	0.5	28	1.3
평택 이충 주공 4단지 15평	1990	490	87	29.71	2.5	0.87	35	1.63
평택 장당동 효명 30평	1991	215	344	1.07	1.94	1.6	83	0.34
평택 이충동 미주3차 25평	1996	715	248	11.11	2	1.8	90	0.2
평택 이충동 대진 22평	1997	160	139	36.7	1.49	1.1	73	0.39

평택 지산동 미주2차 21평	1994	550	202	38	1.48	1.2	81	0.28
평택 지산동 아주 1차 22평	1994	670	195	11.11	1.2	0.9	75	0.3
평택 지산동 건영 20평	1993	562	167	17.52	1.28	1.15	89	0.13
당진시 복운리 신성미소지움2차 25평	2007	655	159	19.49	1.41	1.15	81	0.26
당진시 복운리 동광아파트 24평	2007	655	160	18.47	1.18	1	84	0.18
포항시 신정 코아루블루인 시티 24평	2018	688	206	2.05	1.49	1.1	73	0.39
경북 칠곡 남율리 효성 해링턴 1차 24평	2016	835	249	0.65	1.56	1.3	83	0.26
충남 보령시 대천동 청원태영 30평	1993	209	134	6.47	1.48	1.1	74	0.38
충남 서산 읍내동 롯데 캐슬 24평	2006	790	225	21.29	1.78	1.7	95	0.08
충남 서산 석림 주공 2단지 24평	1996	1153	204	26.08	0.96	0.88	92	0.08
익산 어양동 어양주공 4단지5단지 23평	1998	468	214	1.62	1.14	1.14	100	0
익산 부송동 부송주공 9단지 20평	2003	400	169	18.86	1.35	1.25	92	0.1
양산 신기동 신기주공 17평	1993	2280	208	11.98	1.07	0.7	65	0.37

1억 이하 소액 아파트 투자의 법칙

겨우 그 돈으로 집을 샀다는 게 정말인가?

내가 회사에 다닐 때 옆 팀에 가깝게 지내던 부장님이 있었다. 부장님은 삼성전자로 대표되는 우량주와 기타 주식 종목들에 투자한 일이 투자 경험의 전부였다. 5년 전에 아내가 지금 살고 있는 마포구에다 집을 사자고 제안했는데, 부장님이 그 돈으로 몰래 주식을 했다. 현재 전세가가 당시 매매가보다 비싸서 아내와는 2주째 냉전 중이었다. 어느 날 부장님이 부동산 재테크로 제법 성공을 거둔 나를 찾아왔다. 다음 대화는 그때의 대화를 되짚어 복기한 것이다.

이 대리, 3,000만 원으로 그렇게 많은 집을 샀다는 게 정말이야?
네, 부장님. 저도 처음에는 부동산이 몇억 씩 있어야 할 수 있는 재테크인 줄 알았어요. 저도 금수저가 아니거든요. 그래서 친한 형이 집부터 사라고 했을 때 속으로 '에이, 무슨 집을 사'했죠. 그런데 막상 시작해보니 정말 소액으로도 여러 채를 살 수 있더라고요.

그런데 왜 갑자기 집을 사게 된 거야?

제 친구가 부장님처럼 주식을 했어요. 2년쯤 했는데 다 날렸다더라고요. 너무 억울해서 전세금까지 빼서 본전을 찾으려고 했는데, 살 집은 있어야겠다 싶더래요. 그래서 일단 집부터 사고 남은 돈으로 주식을 하기로 마음먹었대요.

그래서 그 친구는 집부터 샀대? 주식은 안 하고?

아니요, 머리와 가슴이 따로 움직였어요. 안타깝게도 본전 생각 때문에 전세금을 빼서 주식에 쏟아부었죠. 결국 그 친구는 월세살이를 시작했어요. 돈을 다 잃었거든요.

나도 주식을 해봤지만 중간에 빼고 싶은 생각이 굴뚝 같아서 묻어두는 게 사실 쉽지 않더군. 특히 우리 같은 월급쟁이들은 유혹이 너무 많아.

그래서 저는 친구가 겪은 좌절을 보고 잃으면 정말 남는 게 하나도 없는 주식은 하지 말자고 맹세했어요. 그때 집부터 사라는 그 형의 조언이 떠올랐죠. 생각해보니까 집값이 아무리 떨어져도 그 집에 들어가서 살 수는 있겠더라고요. 주식보다 이쪽이 훨씬 낫겠구나 싶었죠. 그래서 집을 샀습니다.

3,000만 원으로 전세를 끼고 집을 산 건가? 투자할 아파트는 어떻게 골랐나?

가격이 비싸지 않고 역에서 비교적 가까운 구축을 주로 봤어요. 특히 초품아나 병원 혹은 상권이랑 가까운 곳 중에서 내가 들어가 살고 싶은 단지를 골랐어요.

그럼 3,000만 원으로 몇 채를 산 거야? 왜 좋은 신축 놔두고 구축 위주로 봤는지 도저히 이해가 안 가는군.

의외로 역세권에 있는 신축 대단지인 대장단지의 전세가하고 주변에 입지 좋은 구축들의 전세가가 별반 다르지 않더라고요. 특히 위치 좋고 말끔히 수리한 구축은 신축 못지않게 전세가가 높았어요. 그래서 그런 곳을 위주로 3채를 골라서 전세를 끼고 샀습니다. 갭투자라고 하죠. 그야말로 '두껍아 두껍아 새집 말고 헌 집 줄게'가 되는 거예요. 이해하시겠어요? 새집과 헌 집이 반대가 되는 거죠. 그게 포인트에요. 이유는 간단합니다. 신축 대장단지를 사면 투자금이 거기에 다 들어가니까 물건 개수를 늘릴 수 없거든요. 요즘처럼 자산이 모두 오르는 상황에서는 물건 개수가 중요할 거라고 생각했어요. 소액 아파트에 투자할 때는 이게 핵심이에요. 상급지에 사는 것보다 자산이 많은 게 중요합니다.

그러면 그후에는 어떻게 자산을 불릴 수 있었지?

그후에는 아파트를 보는 눈 자체가 달라졌어요. 예전에는 역세권에 있는 신축 브랜드 대단지나 학군지의 아파트들만 눈에 들어왔었죠. 그런데 입지 좋은 구축 아파트나 소단지, 나 홀로 아파트 들도 매매가가 꾸준히 올라가고 특히 전세가 조정기가 와도 많이 하락하지 않고 탄탄하게 유지되는 걸 지켜보면서 무조건 큰돈 들여서 신축 대장단지를 매수하는 것만이 정답은 아닐 수 있겠다고 생각했어요.

그렇게 자꾸 주택수를 늘려나가면 세금이 너무 많이 나오지 않을까? 어떻게 수익을 내는지 설명 좀 해주게.

저는 아파트를 팔아서 단기에 양도차익으로 수익을 내겠다는 생각은 아예 접었어요. 일단 양도세율이 너무 높아서 팔아도 남는 게 없더라구요. 그래서 전략을 바꿨습니다. 단기 양도차익보다는 자산 증식을 노려보기로 말이죠. 전세가율 높고 입지 좋은 구축을 적은 돈 들여서 최대한 여러 채 사면, 그에 맞춰 전세금이 계속 상승할 거라고 생각했어요. 그 상승분으로 세금은 충분히 대비하겠더라구요. 그리고 공시가가 높지 않은 물건들이라서 종부세나 재산세가 생각보다 많이 안 나왔습니다.

전세를 올려 받은 돈이 수익은 아니지 않나, 어차피 돌려줘야 할 돈인데?

그렇게 생각할 수 있죠. 아니, 어쩌면 그 말이 맞을 겁니다. 근데 공급이 워낙 부족한 상태에서 유동성이 극대화되고 임대차법으로 전세 물건이 줄어들면, 매매가 역시 계속 오를 거라고 봤어요. 그렇게 자산 가치가 상승하면 전세 상승분을 월세로 전환할 수도 있고 전세가 자체가 폭락할 가능성도 거의 없기 때문에, 전세 상승분이 실질적인 수익효과를 낼 수 있겠다고 생각했어요. 워낙 돈 가치가 떨어지니까, 자산 인플레이션 때문에 부동산 가격이 다시 이전으로 되돌아가지는 않을 거라고 확신했죠. 결국 그렇게 되고 있고요. 생필품 가격이 한번 오르면 안 떨어지는 것처럼요. 집도 생필품 같은 거라고 생각했어요.

그럼 지금처럼 양도세가 어마어마한 시기에는 팔아도 남는 게 없으니까 전월세로만 수익을 내야 한다는 말인가?

요즘에는 팔거나 갈아타는 데 드는 비용이 엄청나서, 제 생각에는 소액 투자가 가장 적합한 것 같습니다. 전세 상승분을 월세로 일부 전환하면 주식에서 말하는 '배당 수익'과 비슷한 개념이 되거든요. 물론 전세 상승분도 돌려줘야 할 세입자 돈인 건 맞습니다. 하지만 다른 세입자를 들이거나 전세를 연장하면 상승분만큼 더 올려 받을 수 있으니까, 집주인 입장에서는 결국 비용이 발생하지 않는 거죠. 말하자면, 물건 개수가 많을수록 더 많은 현금을 그 배수만큼 확보할 수 있기 때문에 그 돈으로 세금과 단기 전세 조정기만 관리하면 안정적으로 현금 파이프라인을 만들 수 있어요. 부동산 가치를 대폭 하락시키지 않는 환경요소와 장치(임대차법, 유동성, 공급 부족, 저금리, 전염병) 등이 있어서 자산 가치가 절대 떨어지지 않고 상승하니까 사실상 '수익효과'가 발생하는 거죠.

양도세를 풀어줘도 팔지 않을 생각인가?

저라면 팔지 않겠습니다. 다만 개개인의 상황에 따라 양도차익이 큰 매력으로 느껴질 만큼 양도세가 줄어들면 팔아서 다른 곳에 투자하거나 개인 용도로 인출할 수도 있겠죠. 주식으로 치면 지금은 양도세가 어마어마해서 사실상 팔 수 없는 '의무 보호예수기간'인 거에요. 양도세가 내려가면 자산 가치만큼 스톡옵션을 행사해서 엄청난 수익을 올릴 수 있겠죠. 말하자면 양도차익으로 생기는 자산 수익인 거죠.

아파트 소액 투자도 주식처럼 오랫동안 보유한다는 대주주 마인드로군.

비슷해요. 대주주 마인드와 같은 맥락입니다. 단기간에 수익을 내는 것이 아니라 내가 직접 그 부동산에 대주주로 참여한다고 생각하는 거죠. 그 회사(아파트)를 위해 다른 주주들과 힘을 합쳐서 개발 호재를 끌어오고, 홍보를 해서 더 많은 투자자를 끌어와 가격 상승을 직접 견인하는 목수 역할을 하는 거죠.

그 말은 내가 가진 주식을 팔지 않고 대주주로서 우량주를 만든다는 뜻인가? 획기적인 접근이군. 상당히 일리가 있어.

감사합니다. 삼성전자 같은 주식은 나라가 망하지 않는 이상 가치가 0이 될 가능성이 거의 없으니까 사람들이 믿고 투자해서 장기간 보유하잖아요. 부동산도 비슷한 개념으로 장기간 보유하자는 거예요. 인구수가 많고 땅덩어리가 좁은 한국에서는 주거 가치가 남다를 수밖에 없죠. 결국 부동산은 망하지 않고 장기적으로 우상향을 그리는 우량주라는 얘기예요. 무조건 많이 가지고 있는 사람이 이기는 구조입니다.

만약 집값 상승세가 누그러지면 전세가도 떨어질 수 있는데, 올려 받은 전세금을 세금에 다 써버리면 전세 만기에 돌려줄 여유자금이 없어지지 않나?

좋은 지적입니다. 소액 투자에서 리스크라면 매매가 상승폭이 둔화되는 것보다 전세가가 조정되는 거예요. 그래서 전세 수요가 풍부한 곳에 투자해야 합니다. 중요한 건 적은 돈으로 집을 여러 채 살 수 있다는 거예요. 집을 여러 채 사면 전세 조정기에 만기가 돌아오는 물건이 있어도 전세 상승장에서 획득한 여유자금이 압도적으로 많아서 충분히 대비할 수 있습니다. 제가 실제로 여러 채를 매수해서 경험해보니 전세 상승기에 쌓이는 현금이 생각보다 어마어마해요. 그중 일부 아파트가 전세 조정기에 전세 만기가 돌아와도 충분히 해결할 수 있을 정도로 자금이 쌓여서 문제가 되지 않았어요. 그리고 매매가가 높지 않은 아파트는 세금이 그렇게 많이 나오지 않아요. 세금을 충당하고, 전세 조정기에 한두 채의 전세 보증금을 일부 돌려줘도 전혀 타격이 없습니다. 이건 제가 실제로 전세 하락기를 경험해보니 그렇더라고요.

에필로그

나는 흙수저 젊은이나 무주택자 들이 흔히 말하는 로또 청약의 행운을 바라거나 혹은 고위험 투자 수단에 투자해서 큰 손실을 본 경우를 너무나 많이 봐왔다. 이들이 좌절하는 모습을 더 좌시해서는 안 되겠다는 생각에 펜을 들고 이 책의 집필을 결심했다.

투자는 재밌어야 하고 여러 번 시도해도 큰 손실이 없어야 하며 꾸준히 수익을 내서 지속 가능한 가치 창출의 수단이 되어야 한다는 게 내 지론이다. 그런 의미에서 '즐길 수 있는 투자'에 대한 새로운 지평을 열어보자는 생각으로 열심히 집필했다.

이 책의 목표는 독자들에게 '상대적 박탈감'이나 '우울증 혹은 좌절감'을 맛보게 하는 투자 수단이나 투자방식을 타파하는 것이었다. 그렇게 해서 '누구나 적은 자금으로도 쉽게 시작할 수 있는 안정적인 투자 수단은 정말 없는 것일까'라는 물음에 대한 명쾌한 솔루션은 결국 '소액 아파트 투자'가 유일하다는 결론에 이르렀다.

소액 아파트 투자의 법칙을 몸에 익혀서 나만의 맞춤형 전략을 개발하면 지속 가능한 투자를 할 수 있다. 이를 통해 '실수해도 다시 일어설 수 있는 투자' 그리고 '내 노력과 열정과 연구로 스스로 발전시킬 수 있는 새로운 투자방식'인 소액 아파트 투자에 더 큰 매력을 느낄 수 있을 것이다. 마지막으로, 부동산 투자를 어떻게 시작해야 할지 막막한 모든 젊은이와 소액 투자를 통해 부를 일구고 싶은 모든 이에게 희망을 선사하는 책이 되기를 바란다. 이미 다양한 투자 활동을 하고 있는 모든 이가 진정한 경제적 자유를 달성하는 날이 하루빨리 오기를 바란다.

1억 이하 소액 아파트 투자의 법칙

초판 1쇄 인쇄 2021년 11월 15일 **초판 1쇄 발행** 2021년 11월 24일

지은이 이승훈
펴낸이 이승현

편집2 본부장 박태근
편집 방호준
디자인 THIS COVER

펴낸곳 ㈜위즈덤하우스 **출판등록** 2000년 5월 23일 제13-1071호
주소 서울특별시 마포구 양화로 19 합정오피스빌딩 17층
전화 02)2179-5600 **홈페이지** www.wisdomhouse.co.kr

ⓒ 이승훈, 2021

ISBN 979-11-6812-067-9 03320